초등
국어 **어휘력이**
독해력이다

3 단
계 **A**

특징

독해 전, 어휘 먼저 학습!

〈초등 국어 어휘력이 독해력이다 3단계 A〉는 '낱말 → 짧은 글 → 긴 글'로 이어지는 3단계 학습법으로 독해의 기본기를 다질 수 있도록 구성하였습니다.

| 1단계 | 〈독해 준비〉 **낱말**로 만나기 | → | 2단계 | 〈독해 맛보기〉 **짧은 글**로 만나기 | → | 3단계 | 〈독해〉 **긴 글**로 만나기 |

〈독해〉지문 속 어휘 익히기　　　〈독해〉지문 일부 맛보기　　　〈독해〉하기

교과 연계!
교과 주제 + 교과 어휘

〈초등 국어 어휘력이 독해력이다 3단계 A〉는 초등 3~4학년군 교과목에 따라 단원을 구성하였습니다. 독해 지문은 교과서와 밀접하게 연계된 주제로 구성하였고, 학습 어휘 또한 교과서에서 자주 사용되는 어휘를 활용하였습니다.

교과 융합!
교과 융합 지문 + 문제

〈초등 국어 어휘력이 독해력이다 3단계 A〉는 각 단원마다 하나씩 교과 융합 주제를 수록하였습니다. 두 개의 교과를 융합한 독해 지문과 문제를 통해 사고력 및 깊이 있는 독해력을 키울 수 있습니다.

교과목에 따른 단원 구성	국어	사회와 도덕	과학	예체능
단원별 교과 융합 주제	국어+도덕	도덕+미술	과학+국어	음악+체육

교과 융합　〈차례〉에 교과 융합 주제가 표시되어 있어요.

구성

3단계 학습	1	**낱말**로 만나기 이미지로 어휘 배우기	독해 지문 속 4개의 어휘를 먼저 학습합니다. 이미지를 통해 어휘의 의미 및 쓰임새를 쉽게 익힐 수 있습니다.

	2	**짧은 글**로 만나기 짧은 글로 독해 맛보기	학습 어휘가 포함된 짧은 글을 읽습니다. 3~5줄의 짧은 글을 읽고, 글을 이해했는지 확인하는 문제를 풉니다.

	3	**긴 글**로 만나기 긴 글로 진짜 독해하기	짧은 글이 포함된 긴 글을 읽습니다. 글을 읽고 글의 세부 내용 확인하기, 글의 흐름 이해하기, 글의 주제 파악하기 등 글을 이해하는 능력(독해력)을 기를 수 있는 문제를 풉니다. 앞서 2단계에서 독해 연습을 했기 때문에 좀 더 쉽게 독해를 할 수 있습니다.

복습	**확인 학습** 학습 어휘 쓰기	글의 내용을 요약·정리하고, 앞서 배운 학습 어휘를 직접 써 보며 어휘를 다시 한번 확인합니다.

쉬어 가기	**쉬어가기** 배경지식 넓히기	해당 단원에서 다룬 주제와 관련된 글이나 그림, 사진 등을 통해 배경지식을 넓힐 수 있습니다.

차례

국어

사회와 도덕

공부 계획표

주 5회, 총 4주간의 학습으로 독해력을 기를 수 있어요.
활용 방법 : 공부한 날짜를 쓰고, ◯에 ☆표 하세요.

국어	01일차 ◯	02일차 ◯	03일차 ◯	04일차 ◯	05일차 ◯
	_____월 _____일	_____월 _____일	_____월 _____일	_____월 _____일	_____월 _____일

사회와 도덕	06일차 ◯	07일차 ◯	08일차 ◯	09일차 ◯	10일차 ◯
	_____월 _____일	_____월 _____일	_____월 _____일	_____월 _____일	_____월 _____일

과학	11일차 ◯	12일차 ◯	13일차 ◯	14일차 ◯	15일차 ◯
	_____월 _____일	_____월 _____일	_____월 _____일	_____월 _____일	_____월 _____일

예체능	16일차 ◯	17일차 ◯	18일차 ◯	19일차 ◯	20일차 ◯
	_____월 _____일	_____월 _____일	_____월 _____일	_____월 _____일	_____월 _____일

국어

봄비

교과융합 행복한 생일

텃새와 철새

지구 온난화를 해결합시다

01 봄비

동시

공부한 날

월 일

정답 및 해설 128쪽

낱말로
만나기

1 바른 문장이 되도록 선으로 연결하세요.

보슬보슬 •

• 말을 걸어요.

속살속살 •

• 물웅덩이에서 뛰어요.

> **속살속살**은
> 작은 목소리로
> 자꾸 말하는 소리나
> 모습을 말해요.

참방참방 •

• 봄비가 내려요.

미끌미끌 •

• 바닥에 미끄러져요.

2 [보기]처럼 바른 문장이 되도록 알맞은 낱말을 골라 빈칸에 쓰세요.

개굴개굴 | 보슬보슬

[보기] 봄비가 ┌─────────┐ 내려요.
       │ 보슬보슬 │
       └─────────┘

속살속살 | 미끌미끌

봄비가 ┌─────────┐ 말을 걸어요.
       │   │
       └─────────┘

참방참방 | 속살속살

물웅덩이에서 ┌─────────┐ 뛰어요.
             │   │
             └─────────┘

보슬보슬 | 미끌미끌

┌─────────┐ 바닥에 미끄러져요.
│   │
└─────────┘

짧은 글로 만나기

봄비가 **보슬보슬** 내려요.

가만히 보고 있으면

속살속살 말을 걸어요.

'나랑 같이 놀자!'

3 무엇이 보슬보슬 내리나요? ○ 하세요.

개구리

봄비   새싹

4 작은 목소리로 자꾸 말하는 소리나 모습을 무엇이라고 하나요? 답을 쓰세요.

속살속살 | 미끌미끌

→   속살속살

봄비가 보슬보슬 내려요.

몰래 문을 열고 나가서

봄비 속으로 풍덩.

참방참방 뛰다가

미끌미끌 바닥에 홀라당!

5 주인공은 봄비 속에서 어떻게 뛰었나요? ○ 하세요.

살금살금

조심조심 참방참방

6 봄비가 내려서 어디가 미끌미끌한가요? 답을 쓰세요.

하늘 | 바닥

→

동시

봄비

봄비가 보슬보슬 내려요
가만히 보고 있으면
속살속살 말을 걸어요

'나랑 같이 놀자!'

몰래 문을 열고 나가면
봄비가 신이 나서
어서 오라 소리쳐요

봄비 속으로 풍덩
참방참방 뛰다가
미끌미끌 바닥에 홀라당!

억울해서 봄비를 쳐다보면
시치미를 똑 떼고
말없이 보슬보슬

시치미는 자기가 하고도 아니한 척,
알고도 모르는 척하는 태도를 말해요.

7 이 동시의 계절적 배경은 언제일까요? ○하세요.

봄

여름

겨울

8 이 동시의 장면을 알맞게 표현한 그림은 무엇인가요? ○하세요.

9 주인공이 바닥에 미끄러지자 봄비는 어떻게 했나요? 빈칸에 알맞은 낱말을 동시에서 찾아 쓰세요.

봄비는 말없이 보슬보슬 내리며, ⬜⬜⬜를 똑 뗐어요.

10 이 동시를 한 문장으로 정리했어요. 빈칸에 알맞은 낱말을 동시에서 찾아 쓰세요.

⬜⬜가 내리는 날에 대한 동시예요.

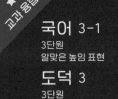

국어 3-1
3단원
알맞은 높임 표현

도덕 3
3단원
사랑이 가득한 우리 집

02 | 행복한 생일

동화

공부한 날

○ 월 □ 일

정답 및 해설 130쪽

낱말로
만나기

1

바른 문장이 되도록 선으로 연결하세요.

예순은 60을 말해요.

할머니 **생신** 은 •

• 예순이에요.

할머니 **댁**  은 •

• 잘 들어요.

할머니 **연세** 는 •

• 오늘이에요.

할머니 **말씀**  을 •

• 가까워요.

2 [보기]처럼 바른 문장이 되도록 알맞은 낱말을 골라 빈칸에 쓰세요.

[보기]

생일 | 생신

오늘은 내 생일이자, 할머니 │ 생신 │ 이에요.

댁 | 집

우리 집과 할머니 │ │ 은 가까워요.

나이 | 연세

내 나이는 열 살이고, 할머니 │ │ 는 예순이에요.

말씀 | 말

나는 할머니 │ │ 을 더욱더 잘 들을 거예요.

짧은 글로
만나기

오늘은 내 열 번째 생일이자, 내가 제일 사랑하는 할머니의 **생신**이에요.

할머니께 드릴 선물을 챙기느라 약속 시간에 늦을 뻔했지만, 우리 집과 할머니 **댁**은 가까워서 금방 도착했어요.

3
오늘은 무슨 날인가요? 모두 ○ 하세요.(2개)

┌─────────────┐
│   내 생일   │
└─────────────┘

┌─────────────┐   ┌─────────────┐
│   누나 생일   │   │ 할머니 생신 │
└─────────────┘   └─────────────┘

4
주인공의 집과 할머니 댁 사이의 거리는 어떠한가요? 답을 쓰세요.

가까워요. | 멀어요.

┌─────────────────────────────┐
│ →   │
└─────────────────────────────┘

"유민이 나이는 열 살이니까 짧은 초 10개, 할머니 **연세**는 예순이니까 긴 초 6개! 할머니, 어떤 소원 비실 거예요?"

"유민이가 누나랑 사이좋게 지내게 해 달라고 빌 거란다."

"제가 그 소원 들어드릴게요. 그리고 할머니 **말씀**도 더욱더 잘 들을게요!"

5 할머니의 연세를 숫자로 어떻게 쓸까요? ○ 하세요.

50

60	70

6 유민이는 무엇을 잘 듣겠다고 하였나요? 답을 쓰세요.

누나 말 | 할머니 말씀

→

동화

행복한 생일

오늘은 내 열 번째 생일이자, 내가 제일 사랑하는 할머니의 <u>생일</u>이에요. 할머니 댁에서 온 가족이 모여 식사를 하기로 했지요.

"누나, 할머니 드릴 케이크 챙겼어? 난 꽃다발 챙길게!"

할머니께 드릴 선물을 챙기느라 약속 시간에 늦을 뻔했지만, 우리 집과 할머니 댁은 가까워서 금방 도착했어요. 온 가족이 식탁에 앉자, 누나가 케이크에 초를 꽂으며 말했어요.

"유민이 나이는 열 살이니까 짧은 초 10개, 할머니 <u>나이</u>는 예순이니까 긴 초 6개! 할머니, 어떤 소원 비실 거예요?"

"유민이가 누나랑 지금처럼 사이좋게 지내게 해 달라고 빌 거란다."

나는 자신 있게 대답했어요.

"제가 그 소원 들어드릴게요. 그리고 할머니 말씀도 더욱더 잘 들을게요!"

"고맙구나. 우리 유민이도 건강하렴. 생일 축하한다!"

활짝 웃으시는 할머니를 보며 나도 씩 웃었답니다. 참 행복한 생일이에요!

7 이 글의 주인공인 '나'는 누구인가요? ○하세요.

누나

할머니

유민

8 친구들이 이 글을 읽고 나눈 대화예요. 바르게 이야기한 사람의 말에 ○하세요.

유민이네 가족은 사랑이 가득한 것 같아.

지연

선우

유민이네 가족은 서로 다투고 미워할 것 같아.

9 웃어른께는 사람이나 사물을 높여서 이르는 높임말을 사용해요. 다음은 이 글에서 높임말이 잘못 쓰인 부분이에요. 밑줄 친 부분을 알맞은 높임말로 바꿔 쓰세요.

• 내가 제일 사랑하는 할머니의 <u>생일</u>이에요. → ☐☐

• 할머니 <u>나이</u>는 예순이니까 긴 초 6개! → ☐☐

03 | 텃새와 철새

설명문

공부한 날

⬤ 월 ☐ 일

정답 및 해설 132쪽

낱말로
만나기

1

바른 문장이 되도록 선으로 연결하세요.

텃새 는 •　　　　　• 계절에 따라
옮겨 다니며 살아요.

철새 는 •　　　　　• 거의 같은 곳에서
살아요.

여름새 는 •　　　　　• 가을에서 겨울에
우리나라에 와요.

겨울새 는 •　　　　　• 봄에서 여름에
우리나라에 와요.

2 [보기]처럼 바른 문장이 되도록 알맞은 낱말을 골라 빈칸에 쓰세요.

텃새 | 철새

[보기]   텃새   는 거의 같은 곳에서 살아요.

텃새 | 철새

_____ 는 계절에 따라 옮겨 다니며 살아요.

여름새 | 겨울새

_____ 는 봄에서 여름에 우리나라에 오는 철새예요.

여름새 | 겨울새

_____ 는 가을에서 겨울에 우리나라에 오는 철새예요.

짧은 글로 만나기

일 년 내내 볼 수 있는 새를 **텃새**라고 해요. 텃새는 계절에 따라 옮겨 다니지 않고, 거의 같은 곳에서 살아요. 참새가 텃새예요.

철새는 계절에 따라 이리저리 옮겨 다니며 살아요. 더 살기 좋은 곳을 찾아 이동하는 것이지요.

3 계절에 따라 옮겨 다니지 않고, 일 년 내내 거의 같은 곳에서 사는 새를 무엇이라고 하나요? ○ 하세요.

텃새

철새 계절새

4 계절에 따라 이리저리 옮겨 다니며 사는 새를 무엇이라고 하나요? 답을 쓰세요.

참새 | 철새

→

여름새는 봄에서 여름에 우리나라에 오는 철새예요. 우리나라가 따뜻해지면 찾아오는 것이지요. 뻐꾸기가 대표적인 여름새예요.

겨울새는 가을에서 겨울에 우리나라에 오는 철새예요. 겨울이 되어 원래 살던 곳이 너무 추워지면, 그보다 따뜻한 우리나라로 오는 것이지요. 두루미가 대표적인 겨울새랍니다.

5 대표적인 여름새는 무엇인가요? ○ 하세요.

> 텃새

> 참새   뻐꾸기

6 대표적인 겨울새는 무엇인가요? 답을 쓰세요.

두루미 | 뻐꾸기

→

설명문

텃새와 철새

우리 주변에는 다양한 새가 있어요. 어떤 새는 일 년 내내 우리나라에서 볼 수 있고, 어떤 새는 특정한 계절에만 볼 수 있지요.

일 년 내내 볼 수 있는 새를 텃새라고 해요. 텃새는 계절에 따라 옮겨 다니지 않고, 거의 같은 곳에서 살아요. 참새가 대표적인 텃새예요.

반면, 철새는 계절에 따라 이리저리 옮겨 다니며 살아요. 더 살기 좋은 곳을 찾아 이동하는 것이지요. 철새에는 여름새와 겨울새가 있어요.

여름새는 봄에서 여름에 우리나라에 오는 철새예요. 추운 겨울을 따뜻한 남쪽 나라에서 보내고, 우리나라가 따뜻해지면 찾아오는 것이지요. 뻐꾸기가 대표적인 여름새예요.

겨울새는 가을에서 겨울에 우리나라에 오는 철새예요. 겨울이 되어 원래 살던 곳이 너무 추워지면, 그보다 따뜻한 우리나라로 오는 것이지요. 커다랗고 하얀 두루미가 대표적인 겨울새랍니다.

7 다음 중 일 년 내내 거의 같은 곳에서 사는 텃새는 무엇인가요? ○하세요.

뻐꾸기

참새

두루미

8 이 글의 내용으로 맞으면 ○, 틀리면 X 하세요.

여름새는 겨울에 따뜻한 남쪽 나라에서 지내요.	
겨울새는 겨울에 원래 살던 곳보다 더 추운 우리나라로 와요.	
두루미는 대표적인 여름새예요.	

9 철새에 대한 설명이에요. 빈칸에 알맞은 낱말을 글에서 찾아 쓰세요.

철새는 [   ]에 따라 이리저리 옮겨 다니며 살아요.

10 여름새에 대한 설명이에요. 빈칸에 알맞은 낱말을 글에서 찾아 쓰세요.

여름새는 [   ]에서 [   ]에 우리나라에 찾아와요.

04 | 지구 온난화를 해결합시다
논설문

공부한 날

⬤ 월 ☐ 일

정답 및 해설 134쪽

낱말로
만나기

1 바른 문장이 되도록 선으로 연결하세요.

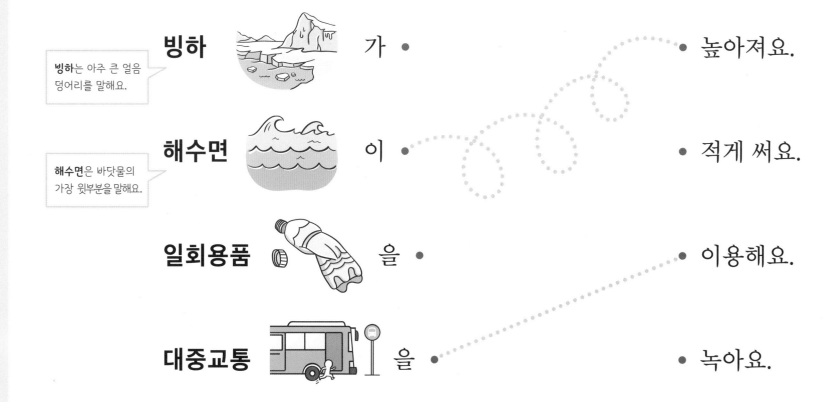

빙하 가 •

> **빙하**는 아주 큰 얼음
> 덩어리를 말해요.

해수면 이 •

> **해수면**은 바닷물의
> 가장 윗부분을 말해요.

일회용품 을 •

대중교통 을 •

• 높아져요.

• 적게 써요.

• 이용해요.

• 녹아요.

2 [보기]처럼 바른 문장이 되도록 알맞은 낱말을 골라 빈칸에 쓰세요.

[보기] 빙하 | 모래

빙하 가 녹아요.

수돗물 | 해수면

빙하가 녹은 물이 바다로 흘러들어 이 높아져요.

일회용품 | 재활용

한 번 쓰고 버리는 을 적게 써요.

대중교통 | 공공시설

버스와 지하철 같은 을 이용해요.

짧은 글로
만나기

　지구 온난화로 북극의 **빙하**가 녹아서, 빙하에서 대부분의 시간을
보내는 북극곰이 살 곳을 잃어 가고 있습니다.

　또 남극의 빙하가 녹아, 그 물이 바다로 흘러들어 **해수면**이 높아지
고 있습니다. 이로 인해 낮은 섬들이 바다에 잠겨 사람들이 살 곳도
줄어들고 있습니다.

3 지구 온난화로 무엇이 녹고 있나요? ○ 하세요.

고드름

빙하　　　아이스크림

4 해수면이 높아져서 무엇이 바다에 잠기고 있나요?
답을 쓰세요.

높은 산　|　낮은 섬

→

지구 온난화를 해결하기 위해 무엇을 해야 할까요?

첫째, 쓰레기를 줄여야 합니다. 한 번 쓰고 버리는 **일회용품**을 적게 쓰고, 재활용을 하면 쓰레기를 줄일 수 있습니다.

둘째, **대중교통**을 이용해야 합니다. 버스와 지하철 같은 대중교통을 이용하면 지구 온난화를 일으키는 나쁜 가스를 줄일 수 있습니다.

5 일회용품을 적게 쓰고 재활용을 하면 무엇을 줄일 수 있나요? ○ 하세요.

빙하

북극곰 ｜ 쓰레기

6 글쓴이가 이용하자고 한 대중교통은 무엇인가요? 답을 쓰세요.

버스와 지하철 ｜ 택시와 비행기

→

논설문

긴글로
만나기

지구 온난화를 해결합시다

지구 온난화는 지구의 온도가 점점 높아지는 것을 말합니다. 지구 온난화로 북극의 빙하가 녹아서, 빙하에서 대부분의 시간을 보내는 북극곰이 살 곳을 잃어 가고 있습니다. 또 남극의 빙하가 녹아, 그 물이 바다로 흘러들어 해수면이 높아지고 있습니다. 이로 인해 낮은 섬들이 바다에 잠겨 사람들이 살 곳도 줄어들고 있습니다. 이렇게 여러 문제를 일으키는 지구 온난화를 해결하기 위해 무엇을 해야 할까요?

첫째, 쓰레기를 줄여야 합니다. 쓰레기를 처리할 때 지구 온난화의 원인이 되는 나쁜 가스가 많이 나옵니다. 한 번 쓰고 버리는 일회용품을 적게 쓰고, 재활용을 하면 쓰레기를 줄일 수 있습니다.

둘째, 대중교통을 이용해야 합니다. 자동차가 움직일 때도 지구 온난화를 일으키는 나쁜 가스가 많이 뿜어져 나옵니다. 여러 사람이 한 번에 탈 수 있는 버스와 지하철 같은 대중교통을 이용하면 나쁜 가스를 줄일 수 있습니다.

이처럼 우리가 할 수 있는 것부터 실천하여 지구 온난화를 해결합시다.

7 지구의 온도가 높아지는 것을 무엇이라고 하나요? ○ 하세요.

아지랑이

지구 온난화

지구촌

8 친구들이 이 글을 읽고 나눈 대화예요. 잘못 이야기한 사람의 말에 X 하세요.

지구 온난화로 인해 북극곰이 살 곳이 더 많아졌구나.

도윤

앞으로 지구 온난화를 해결하기 위해 일회용 컵 대신 여러 번 쓸 수 있는 컵을 써야겠어.

진영

9 이 글을 읽고, 지구 온난화를 해결하기 위한 실천 카드를 만들었어요. 빈칸에 알맞은 낱말을 글에서 찾아 쓰세요.

1) [   ]을 적게 쓰고, 재활용을 해 [   ] 줄이기

2) 여러 사람이 한 번에 탈 수 있는 버스, 지하철 등 [   ] 이용하기

정답과 해설 160쪽

★ **봄비** 감각적 표현을 알아요.

● 빈칸에 알맞은 낱말을 [보기]에서 골라 쓰세요.

| [보기] | 속살속살 | 참방참방 | 미끌미끌 | 보슬보슬 |

봄비가 ⬚ 내려요.

봄비가 속살속살 말을 걸어요.

물웅덩이에서 참방참방 뛰어요.

⬚ 바닥에 홀라당 미끄러져요.

★ **행복한 생일** 알맞은 높임말을 알아요.

● 빈칸에 알맞은 낱말을 [보기]에서 골라 쓰세요.

| [보기] | 댁 | 말씀 | 생신 | 연세 |

유민이 　→ 높임말 →　 할머니

생일

집　　　댁

나이

말

★ 텃새와 철새 정보를 정리해요.

● 빈칸에 알맞은 낱말을 [보기]에서 골라 쓰세요.

[보기]	여름새	겨울새	텃새	철새

새

 : 일 년 내내 거의 같은 곳에서 살아요.

철새 : 계절에 따라 옮겨 다니며 살아요.

 : 봄에서 여름에 우리나라에 찾아와요.

 : 가을에서 겨울에 우리나라에 찾아와요.

★ 지구 온난화를 해결합시다 글쓴이의 주장을 정리해요. ● 빈칸에 알맞은 낱말을 [보기]에서 골라 쓰세요.

[보기]	해수면	대중교통	일회용품	빙하

● 지구 온난화의 문제점

　　　　　　　　가 녹아요.

➡ 북극곰이 살 곳을 잃어요. 　　　　　　　이 높아져 섬이 바다에 잠겨요.

● 지구 온난화 해결 방안

첫째, 일회용품 을 적게 써서 쓰레기를 줄여요.

둘째, 버스나 지하철 같은 　　　　　　　을 이용해요.

가라앉고 있는 섬, 투발루

투발루는 아홉 개의 섬으로 된 나라예요. 커다란 야자수와 하얀 모래사장이 펼쳐진 아름다운 경치를 자랑하는 곳이지요. 하지만 투발루는 지구 온난화로 해수면이 높아져, 일부 섬이 바다에 잠기고 말았어요. 나머지 섬들도 점점 바닷속으로 가라앉고 있지요.

투발루에 살고 있는 많은 사람들은 해수면의 상승으로 인해 집을 잃었어요. 또 사람들이 마시는 지하수에 짠 바닷물이 밀려들어 마실 물도 줄어들었지요. 결국 투발루 사람들은 고향을 뒤로 한 채 다른 나라로 떠날 수밖에 없게 되었어요.

이것은 우리와 상관없는 이야기가 아니에요. 지금은 북극곰, 투발루 사람들이지만, 머지않아 우리 모두가 살 곳을 잃을 수도 있어요. 더 큰 피해를 당하기 전에, 지구 온난화를 막기 위해 다 함께 노력하도록 해요.

사회와 도덕

06 | 경주의 문화유산
안내문

정답 및 해설 136쪽

낱말로
만나기

1 바른 문장이 되도록 선으로 연결하세요.

석굴은 바위에 뚫린 굴을 말해요.

첨성대  는 •

경주 동궁과 월지 는 •

석굴암  은 •

성덕 대왕 신종 은 •

• 사람들이 직접 만든
석굴이에요.

• 별을 관찰하던
곳이에요.

• 왕자가 머물던
곳이에요.

• 커다란 종이에요.

2 [보기]처럼 바른 문장이 되도록 알맞은 말을 골라 빈칸에 쓰세요.

경주 동궁과 월지 | 첨성대

[보기] ┌─────────────┐
     │   첨성대   │ 는 별을 관찰하고 연구하던 곳이에요.
     └─────────────┘

경주 동궁과 월지 | 첨성대

┌─────────────┐
│   │ 는 신라의 왕자가 머물던 곳이에요.
└─────────────┘

석굴암 | 성덕 대왕 신종

┌─────────────┐
│   │ 은 사람들이 직접 돌을 쌓아 만든 석굴이에요.
└─────────────┘

범종은 절에 매달아 놓고, 사람들을 모이게 하거나 시간을 알리려고 치는 종을 말해요.

석굴암 | 성덕 대왕 신종

┌─────────────┐
│   │ 은 현재 우리나라에서 가장 큰 범종이에요.
└─────────────┘

짧은 글로
만나기

[첨성대] 별을 관찰하고 연구하던 곳이에요. 첨성대를 살펴보면서,
당시 사람들이 어떻게 별을 관찰했는지 상상해 보세요.

[경주 동궁과 월지] 신라의 왕자가 머물던 곳으로, 궁궐과 연못이 있
어요. 나라에 기쁜 일이 있을 때 잔치를 열거나, 귀한 손님을 맞이할
때 사용되었지요.

3 첨성대는 무엇을 관찰하고 연구하던 곳인가요? ○
하세요.

바다

산 | 별

4 경주 동궁과 월지는 누가 머물던 곳인가요? 답을
쓰세요.

조선의 신하 | 신라의 왕자

→

[석굴암] 사람들이 직접 돌을 쌓고 흙을 덮어 만든 석굴이에요. 석굴암 안에는 부드러운 표정을 짓고 있는 부처님 조각상이 있어요.

[성덕 대왕 신종] 신라에서 만든 범종으로, 지금까지 우리나라에 남아 있는 범종 가운데 가장 크지요.

5 석굴암에는 어떤 조각상이 있나요? ○ 하세요.

부처님

왕자   왕비

6 성덕 대왕 신종은 어느 나라에서 만든 범종인가요? 답을 쓰세요.

신라 | 고려

→

안내문

경주의 문화유산

세계가 인정한 역사의 도시, 경주의 훌륭한 문화유산을 소개합니다!

[첨성대] 별을 관찰하고 연구하던 곳이에요. 첨성대의 이모저모를 살펴보면서, 당시 사람들이 어떻게 별을 관찰했는지 상상해 보세요.

[경주 동궁과 월지] 신라의 왕자가 머물던 곳으로, 궁궐과 연못이 있어요. 나라에 기쁜 일이 있을 때 잔치를 열거나, 귀한 손님을 맞이할 때 사용되었지요. 아름다운 경주 동궁과 월지를 산책해 보세요.

[석굴암] 자연 석굴이 아닌, 사람들이 직접 돌을 쌓고 흙을 덮어 만든 석굴이에요. 석굴암 안에는 부드러운 표정을 짓고 있는 커다란 부처님 조각상이 있어요. 석굴암에서 우리 조상들의 놀라운 기술력을 느껴 보세요.

[성덕 대왕 신종] 신라에서 만든 범종으로, 지금까지 우리나라에 남아 있는 범종 가운데 가장 크지요. 지금은 국립 경주 박물관에 전시되어 있으니 꼭 들러서 구경해 보세요.

7 이 글에서 경주를 어떤 도시라고 소개하였나요? ○하세요.

연못의 도시

역사의 도시

음악의 도시

8 이 글에 소개된 문화유산 중, 별을 관찰하고 연구하던 곳은 어디인가요? ○하세요.

석굴암

첨성대

성덕 대왕 신종

9 성덕 대왕 신종은 어디에서 볼 수 있나요? 빈칸에 알맞은 말을 글에서 찾아 쓰세요.

에 가면 볼 수 있어요.

10 한 어린이가 이 안내문을 읽고 느낀 것을 말해요. 빈칸에 알맞은 낱말을 글에서 찾아 쓰세요.

" 에는 첨성대, 석굴암 등 훌륭한 이 많구나!"

07 | 옛날의 통신 수단
설명문

정답 및 해설 138쪽

낱말로
만나기

1

바른 문장이 되도록 선으로 연결하세요.

안부나 소식이 적힌 •

• **방**  을 붙여요.

여러 사람에게 알릴 때에는 •

• **서찰**  을 보내요.

나라의 중요한 문서를 •

• **봉수**  를 피워요.

전쟁을 알리려고 •

• **파발**  로 보내요.

2 [보기]처럼 바른 문장이 되도록 알맞은 말을 골라 빈칸에 쓰세요.

[보기]

서찰 | 방

안부나 소식이 적힌 　서찰　 을 보내요.

파발 | 방

여러 사람에게 소식을 알릴 때에는 　　　　 을 써서 붙여요.

파발 | 게시판

나라의 중요한 문서를 빠르게 전달할 때에는 　　　　 을 보내요.

문서는 글이나 기호 등으로 생각을 표현한 것을 말해요.

전화 | 봉수

전쟁과 같은 위급한 상황을 알릴 때에는 　　　　 를 피워요.

짧은 글로
만나기

옛날 사람들은 어떤 통신 수단을 이용했는지 알아볼까요?

떨어진 곳에 사는 사람에게 소식을 알릴 때에는 **서찰**을 보냈어요.

'서찰'이란 안부나 소식을 적어 보내는 글이에요.

여러 사람에게 소식을 알릴 때에는 **방**을 붙였어요. '방'은 어떤 일

을 알리기 위해 사람들이 많이 모이는 곳에 써 붙이는 글이에요.

3 이 글에서 알 수 있는 옛날의 통신 수단은 무엇인가
요? 모두 ○ 하세요.(2개)

전화

서찰

방

4 여러 사람에게 소식을 알리기 위해 써 붙이는 글은
무엇인가요? 답을 쓰세요.

서찰 | 방

→

옛날에는 나라의 중요한 문서를 빠르게 전달할 때에는 **파발**을 보냈어요. '파발'은 나라의 중요한 문서를 사람이 걷거나 뛰어가서 전하거나, 말을 타고 가서 전한 통신 수단이에요.

적이 쳐들어온 것을 알릴 때에는 **봉수**를 피웠어요. '봉수'는 낮에는 연기, 밤에는 횃불을 피워 먼 곳에서도 볼 수 있게 한 통신 수단이에요.

5 나라의 중요한 문서를 빠르게 전달할 때 보냈던 옛날의 통신 수단은 무엇인가요? ○ 하세요.

방

전자 우편 | 파발

6 봉수는 낮에는 연기, 밤에는 무엇을 피워 먼 곳에서도 볼 수 있게 한 통신 수단인가요? 답을 쓰세요.

횃불 | 깃발

→

설명문

옛날의 통신 수단

통신 수단이란 정보를 전달하기 위해 사용하는 방법이나 도구를 말해요. 옛날 사람들은 어떤 통신 수단을 이용했는지 알아볼까요?

떨어진 곳에 사는 사람에게 소식을 알릴 때에는 서찰을 보냈어요. '서찰'이란 안부나 소식을 적어 보내는 글로, 사람을 통해 전했지요.

여러 사람에게 소식을 알릴 때에는 방을 붙였어요. '방'은 어떤 일을 알리기 위해 사람들이 많이 모이는 곳이나 길거리에 써 붙이는 글이에요.

나라의 중요한 문서를 빠르게 전달할 때에는 파발을 보냈어요. '파발'은 나라의 중요한 일을 적은 문서를 사람이 걷거나 뛰어가서 전하거나, 말을 타고 가서 전한 통신 수단이에요.

적이 쳐들어오거나 위급한 상황을 알릴 때에는 봉수를 피웠어요. '봉수'는 높은 산에 봉수대를 만들고 낮에는 연기, 밤에는 횃불을 피워 먼 곳에서도 볼 수 있게 한 통신 수단이에요.

7 이 글은 옛날의 무엇을 설명하는 글인가요? ○하세요.

교통수단

통신 수단

농사 도구

8 빈칸에 알맞은 옛날의 통신 수단은 무엇인가요? ○하세요.

"우리 딸이 다음 달에 결혼을 하니, 옆 마을에 사는 친척에게 ⬚⬚ 을 보내 이 소식을 알려야겠군."

서찰

봉수

방

9 파발은 언제 사용한 통신 수단인가요? 빈칸에 알맞은 낱말을 글에서 찾아 쓰세요.

나라의 중요한 ⬚⬚ 를 빠르게 전달할 때 사용하였어요.

10 이 글을 한 문장으로 정리해 볼까요? 빈칸에 알맞은 낱말을 글에서 찾아 쓰세요.

옛날의 통신 수단으로는 ⬚⬚ , 방, ⬚⬚ , 봉수 등이 있어요.

08 | 두 친구와 곰
우화

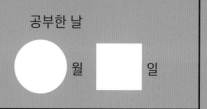
정답 및 해설 140쪽

낱말로
만나기

1 바른 문장이 되도록 선으로 연결하세요.

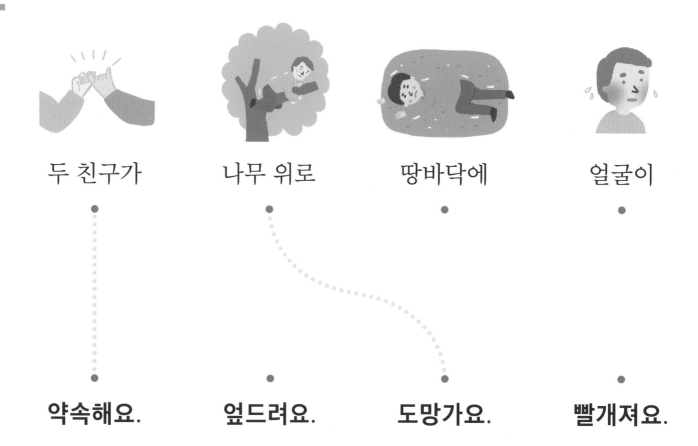

두 친구가　　　나무 위로　　　땅바닥에　　　얼굴이

약속해요.　　　엎드려요.　　　도망가요.　　　빨개져요.

2 [보기]처럼 바른 문장이 되도록 알맞은 말을 골라 빈칸에 쓰세요.

약속했어요 | 거절했어요

[보기] 두 친구는 좋은 친구가 되기로 약속했어요 .

엎어졌어요 | 도망갔어요

한 친구는 나무 위로 ☐ .

약속했어요 | 엎드렸어요

다른 한 친구는 땅바닥에 ☐ .

빨개졌어요 | 도망갔어요

도망갔던 친구는 창피해서 얼굴이 ☐ .

짧은 글로
만나기

사이좋은 두 친구가 산길을 걸어가고 있었어요.

두 친구는 평생 좋은 친구가 되기로 굳게 **약속했어요**.

그때, 갑자기 커다란 곰 한 마리가 떡하니 길을 가로막았어요.

한 친구는 나무 위로 쏜살같이 **도망갔어요**.

3 두 친구는 평생 무엇이 되기로 굳게 약속했나요?
○ 하세요.

다정한 가족

좋은 친구   의좋은 형제

4 한 친구는 무엇이 나타나자 나무 위로 도망갔나요?
답을 쓰세요.

곰 | 호랑이

→

다른 한 친구는 땅바닥에 납작 **엎드렸어요**.

곰은 땅바닥에 엎드려 있는 친구에게 귓속말을 하고 사라졌지요.

나무에서 내려온 친구가 곰이 무슨 말을 하고 갔는지 물었어요.

"위험할 때 혼자 도망가는 사람과는 친구로 지내지 말라더군."

도망갔던 친구는 창피해서 얼굴이 **빨개졌어요**.

5 곰은 땅바닥에 엎드려 있던 친구에게 무엇을 하고 사라졌나요? ○ 하세요.

귓속말

사과 약속

6 도망갔던 친구는 다른 친구의 말을 듣고 왜 얼굴이 빨개졌나요? 답을 쓰세요.

기뻐서 | 창피해서

→

우화

두 친구와 곰

긴글로
만나기

사이좋은 두 친구가 산길을 걸어가고 있었어요.

"자네랑 같이 있으니 기분이 좋군. 우리 늘 서로를 지켜 주는 친구가 되자고."

"당연하지. 아무리 위험한 순간이라도 꼭 자네를 지킬 테니 걱정 말게."

두 친구는 평생 좋은 친구가 되기로 굳게 약속했어요.

그때, 갑자기 커다란 곰 한 마리가 떡하니 길을 가로막았어요.

한 친구는 나무 위로 쏜살같이 도망갔어요. 다른 한 친구는 도망갈 곳을 찾다가 땅바닥에 납작 엎드려 죽은 척을 했지요.

곰은 땅바닥에 엎드려 있는 친구에게 어슬렁어슬렁 다가가 냄새를 킁킁 맡았어요. 그러더니 귓속말을 하고 사라졌지요.

곰이 저 멀리 사라진 것을 확인한 후, 나무에서 내려온 친구가 곰이 무슨 말을 하고 갔는지 물었어요. 그러자 엎드려 있던 친구가 일어나며 말했지요.

"위험할 때 혼자 도망가는 사람과는 친구로 지내지 말라더군."

도망갔던 친구는 창피해서 얼굴이 빨개졌답니다.

7 그림을 보고, 이야기의 흐름에 맞게 순서대로 번호를 쓰세요.

<table>
<tr><td></td><td></td><td>1</td><td></td><td></td></tr>
</table>

8 도망가지 못하고 혼자 남겨진 친구는 어떻게 했나요? 빈칸에 알맞은 말을 글에서 찾아 쓰세요.

땅바닥에 납작 엎드려 ◻◻ ◻ 을 했어요.

9 나무 위로 도망갔던 친구가 다른 친구에게 사과를 한다면 뭐라고 말할까요? 빈칸에 알맞은 말을 글에서 찾아 쓰세요.

"앞으로 ◻◻ 할 때에도 혼자 ◻◻ 가지 않는 친구가 되겠네.

미안하네."

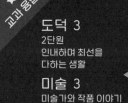

도덕 3
2단원
인내하며 최선을
다하는 생활

미술 3
미술가와 작품 이야기

09 | 프리다 칼로
전기문

정답 및 해설 142쪽

낱말로
만나기

1 바른 문장이 되도록 선으로 연결하세요.

> **극복**은 나쁜 상황을
> 이겨 내는 것을 말해요.

 프리다 칼로는 •

• 슬픔을 **극복**했어요.

 온몸을 다쳐 •

• **보람**을 느꼈어요.

 그림을 그리며 •

• **화가**예요.

 전시회를 열고 •

• **좌절**에 빠졌어요.

> **좌절**은 마음이나 기운이 꺾이는 것을 말해요.

2 [보기]처럼 바른 문장이 되도록 알맞은 말을 골라 빈칸에 쓰세요.

의사 | 화가

[보기]   프리다 칼로는 멕시코의 [화가] 예요.

좌절 | 기쁨

교통사고로 온몸을 심하게 다쳐 깊은 [   ] 에 빠졌어요.

좌절 | 극복

누운 채로 그림을 그리며 슬픔을 [   ] 했어요.

보람 | 슬픔

마침내 전시회를 열고 큰 [   ] 을 느꼈어요.

짧은 글로
만나기

프리다 칼로는 멕시코의 유명한 **화가**로, 훌륭한 작품들을 많이 남겼어요.

프리다는 열여덟 살 때, 교통사고를 당했어요. 온몸을 심하게 다쳐 침대에 누워 있어야만 했지요. 프리다는 깊은 **좌절**에 빠졌어요.

3 이 글의 주인공으로, 멕시코의 유명한 화가는 누구인가요? ○ 하세요.

프리다 칼로

고흐	피카소

4 프리다 칼로는 어떤 일로 온몸이 심하게 다쳐 깊은 좌절에 빠졌나요? 답을 쓰세요.

폭발 사고 | 교통사고

→

프리다 칼로는 유일하게 움직이는 두 손으로 그림을 그리기 시작했어요. 누운 채로 그림을 그리며 슬픔을 **극복**해 나간 것이에요.

어느 날, 사람들이 프리다를 위해 전시회를 열어 주었어요. 프리다는 침대에 누운 채 자신의 전시회에 참석해야 했어요. 그러나 아주 커다란 **보람**을 느꼈답니다.

5 프리다 칼로는 누운 채로 그림을 그리며, 무엇을 극복했나요? ○ 하세요.

즐거움

고마움 | 슬픔

6 프리다 칼로는 자신의 무엇에 참석하여 큰 보람을 느꼈나요? 답을 쓰세요.

전시회 | 연주회

→

전기문

긴 글로
만나기

프리다 칼로

　프리다 칼로는 멕시코의 유명한 화가로, 훌륭한 작품들을 많이 남겼어요. 특히 자신의 모습을 그린 그림인 자화상을 많이 그렸지요.

　프리다는 열여덟 살 때, 끔찍한 교통사고를 당했어요. 온몸을 심하게 다쳐 침대에 누워 있어야만 했지요. 프리다는 깊은 좌절에 빠졌어요.

　"나는 완전히 망가졌어. 다시는 회복할 수 없을 거야."

　그러나 프리다는 유일하게 움직이는 두 손으로 그림을 그리기 시작했어요. 프리다의 부모님은 밖에 나갈 수 없는 딸을 위해 침대의 천장에 커다란 거울을 설치해 주었어요. 프리다는 거울에 비친 자신의 모습을 그렸지요. 누운 채로 그림을 그리며 슬픔을 극복해 나간 것이에요.

　프리다의 그림은 점점 많은 사람들에게 인정을 받았어요. 어느 날, 프리다의 그림을 사랑하는 사람들이 프리다를 위해 전시회를 열어 주었어요. 프리다는 침대에 누운 채 자신의 전시회에 참석해야 했어요. 그러나 아주 커다란 보람을 느꼈답니다.

7 프리다 칼로는 어느 나라의 화가인가요? ○하세요.

프랑스

미국

멕시코

8 교통사고를 당한 후, 프리다 칼로는 어떻게 슬픔을 극복했나요? 알맞은 모습에 ○하세요.

9 프리다 칼로는 침대에 누워서 무엇에 비친 자신의 모습을 그렸나요? 빈칸에 알맞은 낱말을 글에서 찾아 쓰세요.

프리다 칼로는 󰋫󰋫 에 비친 자신의 모습을 그렸어요.

10 프리다 칼로는 자기 자신의 모습을 많이 그렸어요. 이렇게 자신을 그린 그림을 무엇이라고 하나요? 빈칸에 알맞은 낱말을 글에서 찾아 쓰세요.

교과 융합

자신의 모습을 그린 그림을 󰋫󰋫 이라고 해요.

공부한 날

월

일

★ 경주의 문화유산 보고서를 완성해요. ● 빈칸에 알맞은 말을 [보기]에서 골라 쓰세요.

[보기]	경주 동궁과 월지	석굴암	성덕 대왕 신종	첨성대

제목	경주의 문화유산	학년/반/이름	3학년 2반 강희진
기간	20○○년 4월 ○일~○일 (2일)	장소	경주

본 것	• [첨성대] : 별을 관찰하고 연구하던 곳. • ☐ : 신라의 왕자가 머물던 곳. • ☐ : 사람들이 직접 돌을 쌓아 만든 석굴. • ☐ : 우리나라에서 가장 큰 범종.
느낀 점	많은 문화유산을 둘러볼 수 있어서 좋았다.

★ 옛날의 통신 수단　비교하여 정리해요.

● 빈칸에 알맞은 말을 [보기]에서 골라 쓰세요.

[보기]	방	서찰	봉수	파발

● 옛날의 통신 수단

서찰

평상시에 이용하며, 소식을 적어 사람을 통해 전달.

여러 사람에게 어떤 일을 알리기 위해 길거리 등에 써 붙임.

나라의 중요한 문서를 뛰어가거나, 말을 타고 가서 전달.

낮에는 연기, 밤에는 횃불을 피워 위급한 일을 알림.

● 오늘날의 통신 수단　휴대 전화, 텔레비전, 전자 우편 등.

★ 두 친구와 곰 이야기의 흐름을 살펴요.

● 빈칸에 알맞은 말을 [보기]에서 골라 쓰세요.

[보기]	엎드렸어요	도망갔어요	약속했어요	빨개졌어요

두 친구는 평생 좋은 친구가 되기로 [   ].

곰이 나타나자, 한 친구가 나무 위로 [   ].

다른 한 친구는 땅바닥에 납작 엎드렸어요.

곰이 엎드려 있는 친구에게 위험할 때
혼자 도망가는 사람과는 친구로 지내지 말라고 하였어요.

홀로 도망갔던 친구는 창피해서 얼굴이 [   ].

★ 프리다 칼로 인물에 대해 알아요.

● 빈칸에 알맞은 말을 [보기]에서 골라 쓰세요.

[보기]	극복	화가	좌절	보람

프리다 칼로는 멕시코의 아주 유명한 ☐ 예요.

열여덟 살 때 교통사고로 심하게 다쳐 깊은 좌절 에 빠졌어요.

그러나 누운 채로 그림을 그리며, 슬픔을 ☐ 했어요.

마침내 전시회를 열고, 큰 ☐ 을 느꼈답니다.

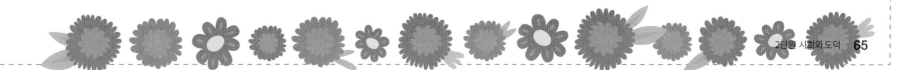

위급한 일을 알려 주는 봉수

조선 시대에 적이 쳐들어오거나 위급한 상황이 발생하면, 굴뚝 같이 생긴 봉수대에서 횃불이나 연기를 피워 소식을 알렸어요. 이러한 통신 수단을 '봉수'라고 해요. 봉수를 통해 멀리까지 빠르게 소식을 전했는데, 전국 어디에서 봉수를 피워도 수도인 한양(지금의 서울)까지 약 12시간 안에 소식을 전하도록 했지요.

봉수는 상황에 따라 불을 붙이는 개수가 달랐어요. 이를 통해 적이 쳐들어왔다는 사실뿐만 아니라 적이 얼마나 가까이 왔는지도 어느 정도 알 수 있었답니다.

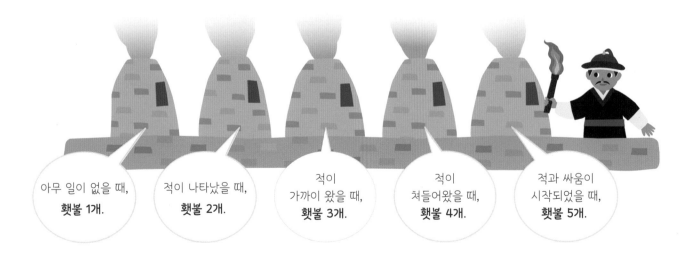

아무 일이 없을 때, **횃불 1개.**

적이 나타났을 때, **횃불 2개.**

적이 가까이 왔을 때, **횃불 3개.**

적이 쳐들어왔을 때, **횃불 4개.**

적과 싸움이 시작되었을 때, **횃불 5개.**

과학

공룡 박사님, 질문 있어요!

[교과 융합] 산신령과 나무꾼

배추흰나비의 한살이

마젤란 탐험대의 일기

11 | 공룡 박사님, 질문 있어요!

대화문

정답 및 해설 144쪽

낱말로
만나기

1 바른 문장이 되도록 선으로 연결하세요.

공룡  을 •   • **연구**해요.

관찰 은 •   • 무슨 일이 일어났는지
생각하는 것이에요.

측정 은 •   • 자세히 살펴보는 것이에요.

추리 는 •   • 길이, 무게 등을
재는 것이에요.

2 [보기]처럼 바른 문장이 되도록 알맞은 말을 골라 빈칸에 쓰세요.

무서워해요 | 연구해요

[보기] 공룡 박사님은 공룡을 [연구해요].

측정 | 관찰

[   ] 은 탐구 대상의 특징을 자세히 살펴보는 것이에요.

측정 | 관찰

[   ] 은 탐구 대상의 길이, 무게, 시간, 온도 등을 재는 것이에요.

추리 | 분류

[   ] 는 관찰 결과, 이미 알고 있는 사실 등을 바탕으로 무슨 일이 일어났는지 생각하는 것이에요.

짧은 글로
만나기

현정 : 공룡 박사님, 공룡을 어떻게 **연구**하시는지 알고 싶어요.

박사님 : 무엇을 연구할 때는 관찰을 잘해야 해.

관찰이란 탐구 대상의 특징을 자세히 살펴보는 것이란다.

여기 공룡 발자국을 관찰해 볼까?

3 현정이가 만난 박사님은 무엇을 연구하나요? ○ 하세요.

호랑이

공룡 | 곰

4 현정이는 공룡 박사님과 무엇을 관찰하기로 했나요? 답을 쓰세요.

공룡 똥 | 공룡 발자국

→

박사님 : **측정**이란 탐구 대상의 길이, 무게 등을 재는 거란다. 길이를

측정해 보니, 공룡 발자국의 간격이 점점 넓어졌단다.

현정 : 발자국의 간격이 왜 달라졌을까요?

박사님 : 추리를 해 볼까? **추리**는 관찰한 결과, 이미 알고 있는 사실

등을 바탕으로 무슨 일이 일어났는지 생각해 보는 것이야.

5 길이를 측정해 보니, 공룡 발자국의 간격은 어땠나요? ○ 하세요.

┌─────────────────────┐
│   모두 똑같았어요.   │
└─────────────────────┘

┌─────────────────────┐
│   점점 넓어졌어요.   │
└─────────────────────┘

6 관찰한 결과 등을 바탕으로 무슨 일이 일어났는지 생각해 보는 것은 무엇인가요? 답을 쓰세요.

측정　|　추리

┌─────────────────────────┐
│ →   │
└─────────────────────────┘

대화문

공룡 박사님, 질문 있어요!

현정 : 공룡 박사님, 안녕하세요? 공룡을 어떻게 연구하시는지 알고 싶어요.

박사님 : 잘 왔구나. 무엇을 연구할 때는 관찰을 잘해야 해. 관찰이란 탐구 대상의 특징을 자세히 살펴보는 것이란다. 여기 공룡 발자국을 관찰해 볼까?

현정 : 음, 발자국의 간격이 좀 다른 것 같아요.

박사님 : 정말 그런지 측정을 해 볼까? 측정이란 탐구 대상의 길이, 무게, 시간, 온도 등을 재는 거란다. 발자국 사이의 길이를 측정해 보면, 발자국의 간격이 처음에는 좁았다가, 점점 넓어진 것을 정확히 알 수 있지.

현정 : 박사님, 발자국의 간격이 왜 달라졌을까요? 궁금해요!

박사님 : 나와 함께 추리를 해 볼까? 추리는 관찰한 결과, 과거 경험, 이미 알고 있는 사실 등을 바탕으로 무슨 일이 일어났는지 생각해 보는 것이야. 발자국 간격이 좁은 부분은 공룡이 걸어갔고, 넓은 부분은 뛰어갔다고 추리할 수 있지.

현정 : 아하! 아마도 걷다가 갑자기 배가 아파서 뛰어갔나 봐요! 하하하!

7 현정이는 누구와 대화를 나누었나요? ○하세요.

날씨 박사님

꽃 박사님

공룡 박사님

8 이 글에서 현정이가 관찰한 공룡 발자국의 모습으로 알맞은 것은 무엇인가요? ○하세요.

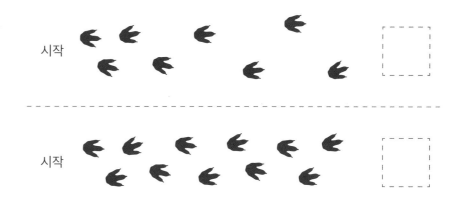

9 박사님과 현정이는 관찰을 한 다음에 무엇을 했나요? 빈칸에 알맞은 말을 글에서 찾아 쓰세요.

공룡 발자국 사이의 길이를 [   ] 했어요.

10 박사님은 공룡 발자국의 간격이 달라진 것을 보고, 어떻게 추리했나요? 빈칸에 알맞은 낱말을 글에서 찾아 쓰세요.

발자국의 간격이 [   ] 부분은 [   ] 이 뛰어갔을 거라고 추리했어요.

교과 융합

과학 3-1
2단원
물질의 성질

국어 3-1
9단원
어떤 내용일까

12 | 산신령과 나무꾼
동화

공부한 날

월 일

낱말로
만나기

정답 및 해설 146쪽

1 바른 문장이 되도록 선으로 연결하세요.

금속은 금, 은, 철(쇠) 등을 말해요.

유리는   **고무**는   **플라스틱**은   **금속**은

늘어나요.   투명해요.   단단해요.   가벼워요.

2 [보기]처럼 바른 문장이 되도록 알맞은 말을 골라 빈칸에 쓰세요.

유리 | 종이

[보기] 유리 는 투명하고, 잘 깨져요.

유리 | 고무

[   ]는 잘 늘어나고, 쉽게 구부러져요.

플라스틱 | 금속

[   ]은 가볍고, 다양한 모양을 만들 수 있어요.

물 | 금속

광택은 물건의 겉에서 반짝거리는 빛을 말해요.

[   ]은 나무보다 단단하고, 광택이 있어요.

짧은 글로
만나기

연못에서 산신령이 도끼를 들고 나타났어요.

"이 **유리** 도끼가 네 것이냐?"

"투명하고 예쁘지만, 잘 깨지는 유리 도끼는 제 도끼가 아닙니다."

"그럼 이 **고무** 도끼가 네 것이냐?"

"당기면 잘 늘어나는 고무 도끼는 제 도끼가 아닙니다."

3 투명하고 예쁘지만, 잘 깨지는 도끼는 무엇으로 만든 도끼인가요? ○ 하세요.

> 유리

> 고무 | 금

4 당기면 잘 늘어나는 도끼는 무엇인가요? 답을 쓰세요.

나무 도끼 | 고무 도끼

→

"**플라스틱**은 가볍고, 다양한 모양을 쉽게 만들 수 있지만, 나무보다 약해서 플라스틱 도끼로는 나무를 벨 수 없습니다."

"대체 네 도끼는 무엇으로 만들었느냐?"

"제 도끼는 나무보다 단단하며, 광택이 있고, 물에 가라앉는 **금속**으로 만들었습니다."

5 가볍고, 다양한 모양을 쉽게 만들 수 있지만, 나무보다 약한 것은 무엇인가요? ○ 하세요.

금속

플라스틱 　　　 바위

6 나무보다 단단하며, 광택이 있고, 물에 가라앉는 것은 무엇인가요? 답을 쓰세요.

금속 　|　 유리

→

동화

산신령과 나무꾼

옛날에 한 나무꾼이 나무를 베다가 실수로 도끼를 연못에 빠뜨리고 말았어요. 그때 연못에서 산신령이 도끼를 들고 나타났어요.

"이 유리 도끼가 네 것이냐?"

"아닙니다. 투명하고 예쁘지만, 잘 깨지는 유리 도끼는 제 도끼가 아닙니다."

"그럼 이 고무 도끼가 네 것이냐?"

"당기면 잘 늘어나고, 쉽게 구부러지는 고무 도끼는 제 도끼가 아닙니다."

"흠, 그럼 이 플라스틱 도끼가 네 것이냐?"

"그것도 아닙니다. 플라스틱은 가볍고, 다양한 모양을 쉽게 만들 수 있지만, 나무보다 약해서 플라스틱 도끼로는 나무를 벨 수 없습니다."

"대체 네 도끼는 무엇으로 만들었느냐?"

"제 도끼는 나무보다 단단하며, 광택이 있고, 물에 가라앉는 금속으로 만들었습니다. 제 도끼는 바로……."

7 누가 도끼를 들고 연못에서 나타났나요? ○하세요.

사슴

선녀

산신령

교과 융합

8 이 글의 마지막에 이어질 나무꾼의 말로 알맞은 것은 무엇인가요? ○하세요.

"제 도끼는 바로 [   ]"

쇠도끼입니다.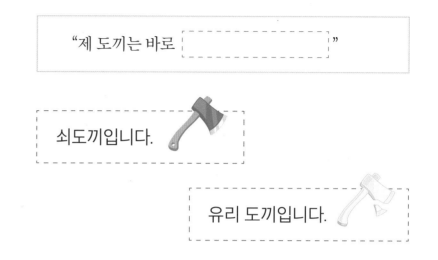

유리 도끼입니다.

9 나무꾼의 도끼는 어떤 특징이 있나요? 빈칸에 알맞은 낱말을 글에서 찾아 쓰세요.

나무보다 단단하며, [   ]이 있고, 물에 가라앉아요.

10 산신령이 나무꾼에게 어떤 도끼들을 보여 주었나요? 빈칸에 알맞은 낱말을 글에서 찾아 쓰세요.

[   ], 고무, [   ] 도끼를 보여 주었어요.

교과 연계
과학 3-1
3단원
동물의 한살이

13 | **배추흰나비의 한살이**
관찰 일기

공부한 날
⬤ 월 ☐ 일

정답 및 해설 148쪽

낱말로
만나기

1 바른 문장이 되도록 선으로 연결하세요.

애벌레 가 •   • 알껍데기를 뚫고 나와요.

실로 몸을 묶고 •   • **어른벌레** 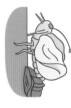 가 나와요.

날개가 있는 •   • **번데기**  가 되어요.

배추흰나비  의 •   • **한살이**를 관찰해요.

한살이는 태어나서 성장하여 자손을 남기고
죽을 때까지의 과정을 말해요.

2 [보기]처럼 바른 문장이 되도록 알맞은 말을 골라 빈칸에 쓰세요.

번데기 | 애벌레

[보기] | 애벌레 | 가 알껍데기를 뚫고 나와요.

번데기 | 나비

애벌레가 입에서 실을 뽑아 몸을 묶고, [   ] 가 되어요.

어른벌레 | 아기 벌레

번데기의 껍질이 갈라지며, 날개가 있는 [   ] 가 나와요.

소리 | 한살이

배추흰나비의 [   ] 를 관찰해요.

짧은 글로
만나기

[배추흰나비 관찰 일기]

4월 7일 : **애벌레**가 알껍데기를 뚫고 나왔다. 부화를 한 것이다. 알에서 막 나온 애벌레는 연한 노란색이었다.

4월 27일 : 애벌레가 입에서 실을 뽑아 몸을 묶고, **번데기**가 되었다. 번데기는 주변의 색깔과 비슷해져 눈에 잘 띄지 않았다.

3 애벌레가 알껍데기를 뚫고 나오는 것을 무엇이라고 하나요? ○ 하세요.

한살이

번데기   부화

4 애벌레가 입에서 무엇을 뽑아 몸을 묶고, 번데기가 되었나요? 답을 쓰세요.

밧줄 | 실

→

다음 글을 읽고, 질문에 답하세요. [5~6]

[배추흰나비 관찰 일기]

5월 2일 : 번데기의 껍질이 갈라지며, 날개가 있는 **어른벌레**가 나왔다. 날개돋이를 한 것이다.

느낀 점 : 배추흰나비의 **한살이**를 관찰하며, 생명의 신비함을 느낄 수 있었다.

5 번데기의 껍질이 갈라지며, 날개가 있는 어른벌레가 나오는 것을 무엇이라고 하나요? ○ 하세요.

날개돋이

껍질 돋이 해돋이

6 글쓴이는 배추흰나비의 한살이를 관찰하며, 무엇을 느꼈나요? 답을 쓰세요.

생명의 신비함 | 생명의 슬픔

→

관찰 일기

긴글로
만나기

제목	배추흰나비의 한살이	관찰 곤충	배추흰나비
기간	20○○년 4월 1일 ~ 5월 2일	학년/반/이름	3학년 4반 조민서

관찰 기록	1		4월 1일	알은 좁쌀보다 더 작고, 연한 노란색이다. 마치 옥수수처럼 생겼고, 줄무늬가 있다.
	2		4월 7일 ~ 4월 24일	애벌레가 알껍데기를 뚫고 나왔다. 부화를 한 것이다. 알에서 막 나온 애벌레는 연한 노란색이었다가, 점차 자라며 초록색이 되었다.
	3		4월 27일	애벌레가 입에서 실을 뽑아 몸을 묶고, 번데기가 되었다. 번데기는 주변의 색깔과 점점 비슷해져 눈에 잘 띄지 않고, 움직이지 않았다.
	4		5월 2일	드디어 번데기의 껍질이 갈라지며, 날개가 있는 어른벌레가 나왔다. 날개돋이를 한 것이다.

느낀 점	배추흰나비의 한살이를 관찰하며, 생명의 신비함을 느낄 수 있었다.

7 이 글의 종류는 무엇인가요? ○ 하세요.

> 동화

> 관찰 일기

> 논설문

8 배추흰나비가 알에서 어른벌레가 된 순서대로 번호를 쓰세요.

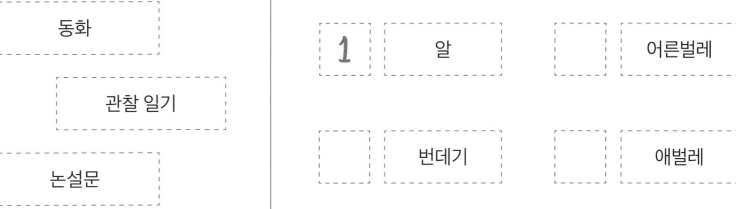

> 1 · 알 · · 어른벌레

> · 번데기 · · 애벌레

9 배추흰나비의 애벌레는 색이 어떻게 변했나요? 빈칸에 알맞은 낱말을 글에서 찾아 쓰세요.

애벌레는 연한 노란색이다가, 점차 자라며 ☐☐☐이 되었어요.

10 민서는 무엇을 관찰했나요? 빈칸에 알맞은 낱말을 글에서 찾아 쓰세요.

☐☐☐☐☐의 ☐☐☐를 관찰했어요.

14 | 마젤란 탐험대의 일기
일기

공부한 날

 월 일

정답 및 해설 150쪽

낱말로
만나기

1 바른 문장이 되도록 선으로 연결하세요.

세계 일주는 세계를 한 바퀴 도는 것을 말해요.

항해는 배를 타고
바다 위를 다니는
것을 말해요.

항해를   **태평양**을   **세계 일주**에   **지구**가

지나요.   성공해요.   시작해요.   둥글어요.

2 [보기]처럼 바른 문장이 되도록 알맞은 말을 골라 빈칸에 쓰세요.

[보기]

항해 | 지구

마젤란 탐험대가 「 항해 」를 시작해요.

태평양 | 동해

'평화로운 바다'라는 뜻의 「　　　　」을 지나요.

태양 일주 | 세계 일주

역사상 최초로 「　　　　」에 성공해요.

지구 | 우주

「　　　　」가 둥글다는 것을 확인해요.

스페인
(출발)

태평양

필리핀
태평양

짧은 글로
만나기

1519년 9월 20일

마젤란 대장님이 이끄는 마젤란 탐험대의 **항해**가 시작됐다!

1520년 11월 28일

오늘은 잔잔하고 드넓은 바다에 들어섰다. 대장님은 이곳을 '평화
로운 바다'라는 뜻의 **'태평양'**이라고 부르자고 하셨다.

3 탐험대의 항해를 이끈 사람은 누구인가요? ○ 하세
요.

프리다 칼로

마젤란   이순신

4 마젤란이 이름 붙인 '태평양'은 무슨 뜻인가요? 답
을 쓰세요.

평화로운 바다 | 거친 바다

→

1522년 9월 8일

우리는 스페인에서 출발해 서쪽으로 계속 항해했고, 태평양, 필리핀 등을 지나 스페인으로 돌아왔다. 역사상 최초로 **세계 일주**에 성공한 것이다. 한 방향으로 계속 나아가서 처음 출발했던 곳으로 돌아오다니! 이로써 **지구**가 둥글다는 것이 확인되었다.

5 마젤란 탐험대는 세계 일주를 마치고 어디로 돌아왔나요? ○ 하세요.

멕시코

한국   스페인

6 마젤란 탐험대는 세계 일주를 통해 무엇을 확인했나요? 답을 쓰세요.

지구는 평평하다. | 지구는 둥글다.

→

일기

마젤란 탐험대의 일기

1519년 9월 20일	마젤란 대장님이 이끄는 마젤란 탐험대의 항해가 시작됐다! 이곳 스페인에서 출발해 어떤 여행을 하게 될지 너무 기대된다!
1520년 11월 28일	오늘은 바람 한 점 없이 잔잔하고 드넓은 바다에 들어섰다. 마젤란 대장님은 이곳을 '평화로운 바다'라는 뜻의 '태평양'이라고 부르자고 하셨다. 평화로운 태평양을 지나니, 무사히 도착할 것 같은 희망이 샘솟았다.
1521년 4월 27일	오늘은 너무 슬펐다. 필리핀의 섬에서 원주민과 싸움이 벌어져 마젤란 대장님이 세상을 떠나셨다. 우리는 마음이 아팠지만, 대장님의 뜻을 이어 항해를 계속하기로 했다.
1522년 9월 8일	우리는 스페인에서 출발해 서쪽으로 계속 항해했고, 태평양, 필리핀 등을 지나 스페인으로 돌아왔다. 역사상 최초로 세계 일주에 성공한 것이다. 한 방향으로 계속 나아가서 처음 출발했던 곳으로 돌아오다니! 이로써 지구가 둥글다는 것이 확인되었다.

7 마젤란 탐험대는 언제 항해를 시작했나요? ○ 하세요.

1519년 9월

1520년 11월

1522년 9월

8 다음의 상황에서 일기를 쓴 탐험대원의 기분은 어떠했나요? 알맞은 것끼리 선으로 연결하세요.

평화로운 태평양을 지나요.   •

•   너무 슬퍼요.

마젤란 대장님이 세상을 떠나셨어요.   •

•   희망이 샘솟아요.

9 마젤란 탐험대가 이동한 길이에요. 지도를 잘 보고, 빈칸에 알맞은 낱말을 [보기]에서 찾아 쓰세요.

| [보기] | 스페인 | 필리핀 | 태평양 |

스페인 → ☐☐☐ →

필리핀의 섬 → ☐☐☐

★ 공룡 박사님! 연구 방법을 알아요.　　● 빈칸에 알맞은 말을 [보기]에서 골라 쓰세요.

[보기]	추리	관찰	연구	측정

공룡 박사님은 공룡을 ┊ 연구 ┊ 해요.

● 연구 방법

❶ [　　　] : 탐구 대상의 특징을 자세히 살펴요.

❷ [　　　] : 탐구 대상의 길이, 무게, 시간, 온도 등을 재요.

❸ [　　　] : 관찰한 결과, 과거 경험,
이미 알고 있는 사실 등을 바탕으로
무슨 일이 일어났는지 생각해요.

★ **산신령과 나무꾼** 여러 가지 물질을 구분해요.

● 빈칸에 알맞은 말을 [보기]에서 골라 쓰세요.

[보기]	금속	고무	플라스틱	유리

물질은 물건을 만드는 재료를 말해요.

• **여러 가지 물질로 된 도끼**

투명하고, 잘 깨지는

유리 도끼

잘 늘어나고,
쉽게 구부러지는

도끼

가볍고,
다양한 모양을 만들 수 있는

도끼

단단하고, 광택이 있는

도끼

★ **배추흰나비** 한살이 과정을 정리해요.

● 빈칸에 알맞은 말을 [보기]에서 골라 쓰세요.

[보기]	번데기	애벌레	한살이	어른벌레

배추흰나비의 한살이

알 → ☐ → ☐ → ☐

좁쌀보다 작고,
연한 노란색이에요.
옥수수처럼 생겼어요.

알에서 막 나왔을 때는
노란색이다가,
점차 초록색이 되어요.

입에서 실을 뽑아
몸을 묶고,
한곳에 붙어
움직이지 않아요.

번데기의 껍질이
갈라지며 나와요.
날개가 있어요.

★ **마젤란 탐험대** 시간의 흐름에 따라 탐험 일기를 정리해요.   ● 빈칸에 알맞은 말을 [보기]에서 골라 쓰세요.

[보기]	세계 일주	태평양	지구	항해

1519년 9월 — ☐항해☐ 를 시작했어요.

1520년 11월 — 잔잔하고 드넓은 바다,

☐_____☐ 에 들어섰어요.

1521년 4월 — 필리핀의 섬에서 원주민과 싸움이 벌어져, 마젤란 대장님이 돌아가셨어요.

1522년 9월 — 드디어 스페인으로 돌아왔어요. ☐_____☐ 에 성공한 것이에요.

이로써 ☐_____☐ 가 둥글다는 것을 확인했어요.

공룡의 흔적을 찾아서

공룡은 과거에 살았던 동물이에요. 두 발로 걷던 공룡도 있고, 네 발로 걷던 공룡도 있지요. 우리나라에 이런 공룡의 발자국 등 생활 흔적이 남아 있는 곳이 있어요. 바로 전라남도 해남이에요.

해남은 땅에서 살았던 공룡뿐만 아니라 하늘을 나는 익룡, 물갈퀴가 달린 새의 발자국 등이 한꺼번에 발견된 세계에서 유일한 곳이에요. 특히 이곳에서는 네 발로 걸었을 것으로 생각되는 익룡의 발자국이 발견되었어요. 이 익룡의 발자국에 해남군과 우항리의 지역 이름을 따 '해남이크누스 우항리엔시스'라는 이름을 붙였답니다.

공룡과 익룡의 생생한 흔적을 보고 싶다면 해남으로 떠나 보세요!

▲ 해남에서 볼 수 있는 공룡 발자국

예체능

교과 융합 호두까기 인형

고려청자

전시회에 초대합니다

손을 씻읍시다!

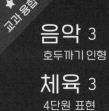
16 호두까기 인형

동화

정답 및 해설 152쪽

낱말로 만나기

1

바른 문장이 되도록 선으로 연결하세요.

'**통쾌하다**'는 아주 즐겁고 속이 시원한 것이에요.

클라라는  생쥐 왕이 •

생쥐 왕이 강해서 •

생쥐 왕을 쓰러뜨려 •

춤을 보고 마음이 •

• **통쾌해요.**

• **두려워요.**

• **답답해요.**

• **벅차올라요.**

'**벅차오르다**'는 큰 기쁨으로 마음이 몹시 뿌듯해 오는 것이에요.

2 [보기]처럼 바른 문장이 되도록 알맞은 낱말을 골라 빈칸에 쓰세요.

설레요 | 두려워요

[보기] 클라라는 무시무시한 생쥐 왕이 쳐들어와, 몹시 두려워요 .

기뻐요 | 답답해요

호두까기 인형은 생쥐 왕이 너무 강해서 .

창피해요 | 통쾌해요

생쥐 왕을 쓰러뜨려, 호두까기 인형은 매우 .

벅차올라요 | 속상해요

친구들의 춤을 보고, 클라라는 마음이 .

크리스마스이브는 크리스마스의 전날 저녁을 말해요.

크리스마스이브, 클라라의 집에 무시무시한 생쥐 왕과 부하들이 쳐들어왔어요. 클라라는 몹시 **두려웠어요.**

그 순간, 호두까기 인형이 살아나 생쥐 왕과 싸웠어요. 장난감들도 생쥐 떼와 맞섰지요. 그러나 힘이 부족했어요. 호두까기 인형은 생쥐 왕이 너무 강해서 **답답했어요.**

3 클라라는 누구 때문에 두려웠나요? ○ 하세요.

생쥐 왕과 부하들

호두까기 인형과 장난감들

4 호두까기 인형은 생쥐 왕이 너무 강해서 마음이 어땠나요? 답을 쓰세요.

답답했어요. | 행복했어요.

→

클라라가 신발을 던져 생쥐 왕을 쓰러뜨렸어요. 호두까기 인형과
장난감들은 매우 **통쾌했지요**.

호두까기 인형은 클라라를 과자 나라에 데려갔어요.

"네가 생쥐 왕을 물리쳤다며? 널 위해 공연을 준비했어."

친구들이 멋진 춤을 추었어요. 클라라는 마음이 **벅차올랐어요**.

5 '통쾌하다'는 것은 어떤 감정인가요? ○ 하세요.

아주 즐겁고 속이 시원한 것이에요.

매우 속상하고 슬픈 것이에요.

6 클라라는 무엇을 보고 마음이 벅차올랐나요? 답을 쓰세요.

친구들의 그림 | 친구들의 춤

→

동화

호두까기 인형

크리스마스이브, 클라라는 호두까기 인형을 선물받았어요. 너무 기뻐서 인형을 꼭 끌어안고 잠이 들었지요.

그런데 그날 밤, 무시무시한 생쥐 왕과 부하들이 쳐들어왔어요.

"음하하, 모두 꼼짝 마라!"

클라라는 몹시 두려웠어요. 그 순간, 호두까기 인형이 살아나 생쥐 왕과 싸웠어요. 장난감들도 생쥐 떼와 맞섰지요. 그러나 힘이 부족했어요. 호두까기 인형은 생쥐 왕이 너무 강해서 답답했어요. 그때, 클라라가 신발을 던져 생쥐 왕을 쓰러뜨렸어요. 호두까기 인형과 장난감들은 매우 통쾌했지요.

"클라라! 우리를 도와준 보답으로 과자 나라에 초대할게."

호두까기 인형은 왕자로 변해 클라라를 과자 나라에 데려갔어요.

"네가 생쥐 왕을 물리쳤다며? 정말 용감하다! 널 위해 공연을 준비했어."

초콜릿 요정, 사탕 요정 등 과자 나라 친구들이 멋진 춤을 추었어요. 클라라는 마음이 벅차올랐어요. 클라라도 호두까기 인형과 즐겁게 춤을 추었지요.

7 클라라는 언제 호두까기 인형을 선물 받았나요? ○하세요.

크리스마스이브

크리스마스 아침

크리스마스 저녁

8 친구들이 〈호두까기 인형〉의 장면을 몸으로 표현해요. 어떤 장면인지, 알맞은 것에 선을 연결하세요.

• 사탕 요정이 멋진 춤을 춰요.

• 호두까기 인형이 생쥐 왕과 싸워요.

9 생쥐 왕이 쳐들어오자, 어떤 일이 생겼나요? 빈칸에 알맞은 말을 글에서 찾아 쓰세요.

⬚⬚⬚⬚ ⬚⬚ 이 살아나 생쥐 왕과 싸웠어요.

10 과자 나라 친구들은 생쥐 왕을 물리친 클라라에게 뭐라고 했나요? 빈칸에 알맞은 낱말을 글에서 찾아 쓰세요.

"네가 생쥐 왕을 물리쳤다며? 정말 ⬚⬚⬚⬚ !"

17 고려청자

설명문

정답 및 해설 154쪽

낱말로
만나기

1 바른 문장이 되도록 선으로 연결하세요.

물레는 도자기를 만들 때,
흙을 빚는 데 사용하는 기구를 말해요.

유약은 도자기의 겉면을
반짝거리게 하는 약을 말해요.

물레

흙을   **물레**를   **가마**에   **유약**을

발라요.   밟아요.   돌려요.   구워요.

2 [보기]처럼 바른 문장이 되도록 알맞은 낱말을 골라 빈칸에 쓰세요.

유약 | 흙

[보기]   [흙] 을 꾹꾹 밟아 반죽을 해요.

물레 | 가마

[ ] 를 돌리며 원하는 모양의 그릇을 만들어요.

가마 | 물레

그릇 위에 무늬를 새기고, [ ] 에 넣고 구워요.

유약 | 철

도자기 겉면에 [ ] 을 발라요.

짧은 글로 만나기

고려청자를 만드는 과정을 알아볼까요?

[**반죽하고 모양 만들기**] **흙** 안에 공기가 남지 않도록 꾹꾹 밟아 반죽을 해요. 그리고 조심조심 **물레**를 돌리며, 원하는 모양의 그릇을 만들어요.

3 흙 안에 무엇이 남지 않도록 꾹꾹 밟아 반죽을 하나요? ○ 하세요.

> 물

> 공기   돌

4 조심조심 물레를 돌리며 무엇을 만드나요? 답을 쓰세요.

그릇의 모양 | 그릇의 색깔

→

[무늬 만들고 굽기] 그릇 위에 조각칼로 무늬를 새겨요. 그리고 그릇을 **가마**에 넣고 구운 다음 식혀요.

[유약 바르고 굽기] 구운 그릇 위에 **유약**을 발라요. 유약은 도자기의 겉면이 반짝거리도록 덧바르는 약이에요. 유약을 바른 그릇을 가마에 한 번 더 굽고 식히면 청자가 완성되어요.

5 도자기를 어디에 넣고 굽나요? ○ 하세요.

> 모닥불

> 아궁이   가마

6 도자기가 반짝거리게 하기 위해 유약을 어디에 바르나요? 답을 쓰세요.

도자기의 겉면 | 가마의 겉면

> →

설명문

고려청자

청자란 푸른빛의 도자기로, 중국에서 처음 만들었어요. 이후 고려 사람들은 우리나라의 좋은 흙과 뛰어난 기술력으로 중국의 청자보다 더 아름다운 고려청자를 만들었지요. 고려청자를 만드는 과정을 알아볼까요?

[반죽하고 모양 만들기] 흙 안에 공기가 남지 않도록 꾹꾹 밟아 반죽을 해요. 그리고 조심조심 물레를 돌리며, 원하는 모양의 그릇을 만들어요.

[무늬 만들고 굽기] 그릇 위에 조각칼로 무늬를 새기고, 그 자리를 흰색이나 붉은색의 흙으로 채워요. 그리고 그릇을 가마에 넣고 구운 다음 식혀요.

[유약 바르고 굽기] 구운 그릇 위에 유약을 발라요. 유약은 도자기의 겉면이 반짝거리도록 덧바르는 약이에요. 유약을 바른 그릇을 가마에 한 번 더 굽고 식히면 청자가 완성되어요.

[좋은 청자 고르기] 다 구워진 청자 중, 멋지고 아름다운 청자를 뺀 나머지 청자를 깨뜨려요. 이렇게 해서 최고의 청자만 남게 된답니다.

7 푸른빛의 도자기를 무엇이라고 하나요? ○하세요.

물레

청자

유약

8 청자를 만들 때, 그림과 같이 한 다음에 무엇을 하나요? ○하세요.

유약을 발라요. → ?

조각칼로 무늬를 새겨요.

가마에 한 번 더 구워요.

9 고려 사람들은 좋은 청자만 남기기 위해서 어떻게 하나요? 빈칸에 알맞은 낱말을 글에서 찾아 쓰세요.

멋지고 아름다운 청자를 뺀 나머지 청자를 ⬚⬚⬚⬚.

10 고려 사람들은 어떻게 중국의 청자보다 더 아름다운 청자를 만들 수 있었나요? 빈칸에 알맞은 낱말을 글에서 찾아 쓰세요.

좋은 ⬚과 뛰어난 ⬚⬚⬚이 있었기 때문이에요.

교과 연계
미술 3
선·형·색의
만남

18 | **전시회에 초대합니다**
초대장

공부한 날
 월 일

정답 및 해설 156쪽

낱말로
만나기

1 바른 문장이 되도록 선으로 연결하세요.

 **선**을 •

 점을 •

 **색**을 •

 **질감**을 •

• 느껴요.

• 찍어요.

• 그려요.

• 칠해요.

질감은 손이나 눈으로 느끼는 물체 겉면의 성질을 말해요.

2 [보기]처럼 바른 문장이 되도록 알맞은 낱말을 골라 빈칸에 쓰세요.

선 | 점

[보기] 다양한 [선] 을 그려 바람을 표현해요.

사진 | 점

여러 개의 [   ] 을 찍어 컵을 그려요.

색 | 질감

시원한 느낌의 [   ] 을 칠해 바다를 표현해요.

색 | 질감

솜을 붙여, 만지면 보드라운 [   ] 을 느낄 수 있도록 했어요.

짧은 글로
만나기

작품 : [바람]

색연필로 곡선과 직선 등 다양한 **선**을 그려 바람을 표현했어요.

작품 : [컵]

다양한 색의 사인펜으로 여러 개의 **점**을 찍어 컵을 그렸어요.

3 [바람] 작품에서 다양한 무엇을 그려 바람을 표현했나요? ○ 하세요.

선

점　　　　　질감

4 [컵] 작품에서 무엇으로 점을 찍어 컵을 그렸나요? 답을 쓰세요.

사인펜　｜　물감

→

작품 : [바다]

물감으로 시원한 느낌의 **색**을 칠해 여름 바다를 표현했어요.

작품 : [하늘]

하늘색을 칠하고 구름 모양의 솜을 붙여, 만지면 보드라운 **질감**을 느낄 수 있도록 했어요.

5 [바다] 작품에서 어떤 느낌의 색을 칠해 여름 바다를 표현했나요? ○ 하세요.

따뜻한 느낌

시원한 느낌   무거운 느낌

6 [하늘] 작품에서 솜으로 어떤 질감을 느낄 수 있게 하였나요? 답을 쓰세요.

거친 질감 | 보드라운 질감

→

초대장

전시회에 초대합니다

안녕하세요? 지난 1학기 동안 저희 3학년 1반 친구들이 미술 시간에 정성을 다해 만들었던 작품을 모아 미술 전시회를 열고자 합니다. 아름답고 기발한 작품들이 많답니다. 미술 전시회에 오셔서 저희의 작품을 감상해 주세요!

꼭 감상해야 할 작품

[바람] 종이에 색연필로 곡선과 직선 등 다양한 선을 그려 바람을 표현했어요.

[컵]　 종이에 다양한 색의 사인펜으로 여러 개의 점을 찍어 컵을 그렸어요.

[바다] 종이에 물감으로 시원한 느낌의 색을 칠해 여름 바다를 표현했어요.

[하늘] 종이에 하늘색을 칠하고 구름 모양의 솜을 붙여, 만지면 보드라운 질감을 느낄 수 있도록 했어요.

날짜 : 20○○년 ○○월 ○○일
장소 : 아트 초등학교 3학년 1반 교실

7 다음은 3학년 1반 친구들이 전시한 작품이에요. 작품에 알맞은 이름을 글에서 찾아 쓰세요.

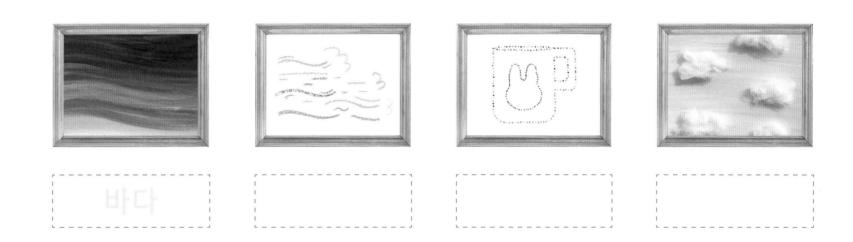

바다

8 [바람]과 [바다] 작품은 종이에 어떤 재료를 사용하여 그렸나요? 빈칸에 알맞은 낱말을 글에서 찾아 쓰세요.

[바람]은 ⬚ ⬚ ⬚ 로, [바다]는 ⬚ ⬚ 으로 그렸어요.

9 초대장에는 초대받은 사람들을 위해 반드시 무엇을 적어야 하나요? 빈칸에 알맞은 낱말을 글에서 찾아 쓰세요.

초대받은 사람들이 잘 찾아올 수 있도록 ⬚ ⬚ 와 ⬚ ⬚ 를 꼭 적어요.

19 | 손을 씻읍시다!
안내문

정답 및 해설 158쪽

낱말로
만나기

1 바른 문장이 되도록 선으로 연결하세요.

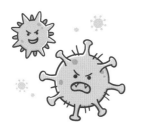   

병균이   질병을   손 씻기를   손깍지를 끼고

'예방하다'는
나쁜 일이 일어나기
전에 미리 막는 것을
말해요.

예방해요.   **문질러요.**   **감소해요.**   **실천해요.**

2 [보기]처럼 바른 문장이 되도록 알맞은 낱말을 골라 빈칸에 쓰세요.

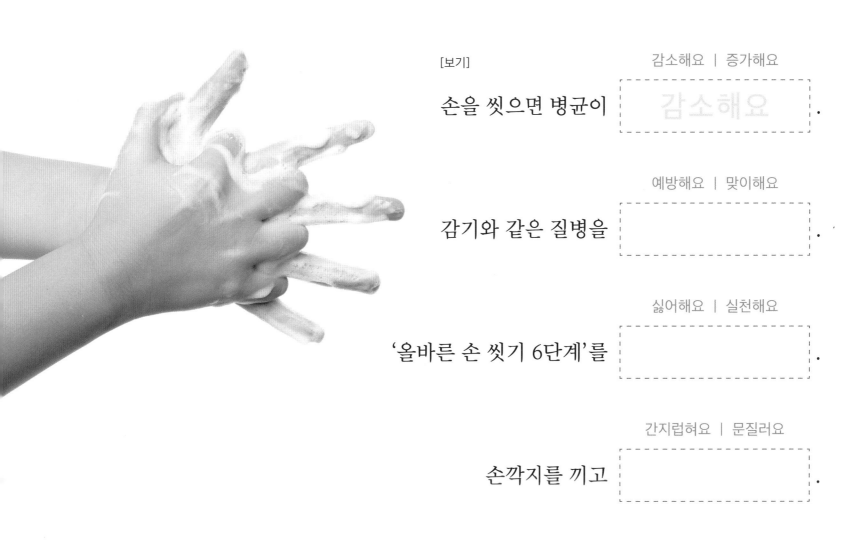

[보기]

감소해요 | 증가해요

손을 씻으면 병균이 ⌐ 감소해요 ⌐ .

예방해요 | 맞이해요

감기와 같은 질병을 ⌐　　　⌐ .

싫어해요 | 실천해요

'올바른 손 씻기 6단계'를 ⌐　　　⌐ .

간지럽혀요 | 문질러요

손깍지를 끼고 ⌐　　　⌐ .

짧은 글로
만나기

▶ **왜 손을 씻어야 할까요?**

우리의 손에는 많은 병균이 붙어 있어요. 이런 손으로 눈과 코, 입을 만지면 질병에 걸리기 쉬워요. 손을 씻으면 병균이 **감소해**, 감기와 같은 질병을 **예방할** 수 있어요.

3 손을 씻으면 무엇이 감소하나요? ○ 하세요.

눈

코   병균

4 손을 씻으면, 감기와 같은 무엇을 예방할 수 있나요? 답을 쓰세요.

질병 | 산불

→

▶ **어떻게 손을 씻어야 할까요?**

흐르는 물에 30초 이상, 비누를 사용하여 꼼꼼하게 손을 씻어야

해요. 다음과 같이 '올바른 손 씻기'를 **실천해** 보아요!

• 손깍지를 끼고 **문질러요**.

5 이 글에서 무엇을 실천하자고 했나요? ○ 하세요.

올바른 손 씻기

올바른 밥 먹기

6 올바르게 손을 씻기 위해 손을 어떻게 문지르라고 했나요? 답을 쓰세요.

마스크를 끼고 │ 손깍지를 끼고

→

안내문

긴 글로
만나기

손을 씻읍시다!

▶ 왜 손을 씻어야 할까요?

우리의 손에는 생각보다 많은 병균이 붙어 있어요. 이런 손으로 눈과 코, 입을 만지면 질병에 걸리기 쉬워요. 손을 씻으면 병균이 감소해, 감기와 같은 질병을 예방할 수 있어요.

▶ 어떻게 손을 씻어야 할까요?

손을 제대로 씻지 않으면 병균이 그대로 남아 있어요. 흐르는 물에 30초 이상, 비누를 사용하여 꼼꼼하게 손을 씻어야 해요. 다음과 같이 '올바른 손 씻기 6단계'를 실천해 보아요!

1	2	3	4	5	6
손바닥을 마주 대고 문질러요.	손가락을 마주 잡고 문질러요.	손등과 손바닥을 겹쳐서 문질러요.	엄지손가락을 다른 손바닥으로 돌리며 닦아요.	손깍지를 끼고 문질러요.	손가락을 반대편 손바닥에 문지르며, 손톱 밑까지 씻어요.

7 이 글의 종류는 무엇인가요? ○ 하세요.

일기

편지글

안내문

8 이 글의 내용으로 맞으면 ○, 틀리면 X 하세요.

병균이 붙은 손으로 눈과 코, 입을 만지면 질병에 걸리기 쉬워요.

손에 물만 대충 묻혀도 병균이 모두 사라져요.

손을 씻으면 감기와 같은 질병을 예방할 수 있어요.

9 어떻게 손을 씻어야 할까요? 빈칸에 알맞은 낱말을 글에서 찾아 쓰세요.

흐르는 물에 30초 이상, ⬚⬚ 를 사용하여 꼼꼼하게 손을 씻어요.

10 다음은 '올바른 손 씻기 6단계' 중 한 장면이에요. 그림을 보고, 빈칸에 알맞은 낱말을 글에서 찾아 쓰세요.

⬚⬚ 과 ⬚⬚⬚ 을 겹쳐서 문질러요.

정답과 해설 163쪽

★ 호두까기 인형 감정을 알아요.

● 빈칸에 알맞은 낱말을 [보기]에서 골라 쓰세요.

[보기]	벅차올라요	통쾌해요	두려워요	답답해요

클라라는 생쥐 왕이 쳐들어와 몹시 두려워요 .

호두까기 인형은 생쥐 왕이 너무 강해서 .

생쥐 왕을 쓰러뜨려 호두까기 인형은 매우 통쾌해요 .

친구들의 춤을 보자 클라라는 마음이 .

★ 고려청자 순서대로 정리해요.   ● 빈칸에 알맞은 낱말을 [보기]에서 골라 쓰세요.

[보기]	물레	유약	가마	흙

• 고려청자 만드는 법

1 반죽하고 모양 만들기   흙 을 꾹꾹 밟아 반죽을 해요.

                         를 돌리며 원하는 모양의 그릇을 만들어요.

2 무늬 만들고 굽기   그릇 위에 무늬를 만들고,   에 넣어 구워요.

3 유약 바르고 굽기   구운 그릇 위에   을 바르고, 한 번 더 구워요.

4 좋은 청자 고르기   다 구운 청자 중, 훌륭한 청자를 뺀 나머지 청자를 깨뜨려요.

★ **전시회에 초대합니다** 미술의 표현 요소를 알아요.

● 빈칸에 알맞은 낱말을 [보기]에서 골라 쓰세요.

[보기]	점	선	질감	색

바람 부는 모습을 [선] 을 그려 표현했어요.

컵의 모양을 [ ] 을 찍어 표현했어요.

여름 바다를 시원한 느낌의 [ ] 을 칠해 표현했어요.

구름을 솜으로 만들어, 부드러운 [ ] 을 느낄 수 있도록 표현했어요.

★ 손을 씻읍시다! 글을 요약해요.

● 빈칸에 알맞은 낱말을 [보기]에서 골라 쓰세요.

[보기]	실천해요	예방해요	감소해요	문질러요

▶ 왜 손을 씻어야 할까요?

손을 씻으면 병균이 [감소해요].

감기와 같은 질병을 [   ].

▶ 어떻게 손을 씻어야 할까요?

흐르는 물에 30초 이상, 비누를 사용하여 꼼꼼하게 씻어요.

'올바른 손 씻기 6단계'를 [   ].

손깍지를 끼고 [   ].

춤으로 된 공연, 발레

　발레 공연을 본 적 있나요? '발레'는 연극의 대사 대신에 음악에 맞춰 춤을 추며 이야기를 표현하는 무용극이에요. 〈호두까기 인형〉도 발레 공연이지요.

　발레는 발끝으로 서서 춤을 추는 독특한 형태인데, 하늘을 나는 듯한 느낌을 표현한 것이에요. 발레에서는 다리나 발끝을 180도로 벌리는 다섯 가지 발 동작이 가장 기본이 되어요. 이 동작을 살펴보고, 함께 따라해 볼까요?

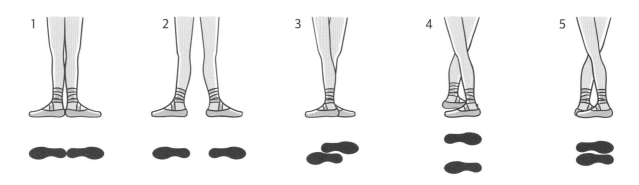

▲ 발레의 다섯 가지 기본 발 동작

정답과 해설

01. 봄비 / 8~13쪽

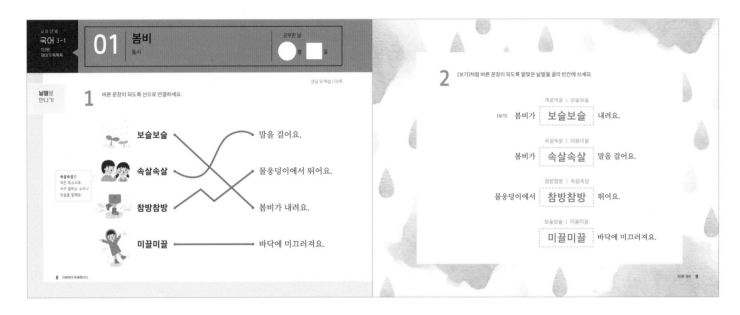

〈동시〉

동시는 어린이가 읽을 것이라고 생각하고, 어린이의 마음을 이야기한 시예요. 이 시는 봄비가 내리는 날에 대한 동시예요.

➕ 더 알아보기

감각적 표현

시에서는 '감각적 표현'을 사용해요. '감각적 표현'이란 사물을 눈으로 보거나, 귀로 듣거나, 입으로 맛보거나, 코로 냄새를 맡거나, 손으로 만지면서 느낀 것을 생생하게 표현하는 것이에요.

- **눈으로 본 것** : 비가 보슬보슬 내려요. 강아지가 꼬리를 살랑살랑 흔들어요.
- **귀로 들은 것** : 속살속살 속삭여요. 물웅덩이에서 참방참방 뛰어요.
  ('속살속살, 참방참방'은 소리를 표현하기도 하고, 모습을 표현하기도 해요.)
- **입으로 맛본 것** : 귤이 새콤달콤해요.
- **코로 냄새를 맡은 것** : 짭조름한 바다 냄새. (짭조름한 것은 약간 짠맛이 나는 것을 말해요.)
- **손으로 만지면서 (피부로) 느낀 것** : 비누가 미끌미끌해요.

짧은 글로 만나기

봄비가 **보슬보슬** 내려요.
가만히 보고 있으면
속살속살 말을 걸어요.
'나랑 같이 놀자!'

3 무엇이 보슬보슬 내리나요? ○ 하세요.

개구리

봄비   새싹

4 작은 목소리로 자꾸 말하는 소리나 모습을 무엇이라고 하나요? 답을 쓰세요.

속살속살 | 미끌미끌

→ **속살속살**

봄비가 보슬보슬 내려요.
몰래 문을 열고 나가서
봄비 속으로 풍덩.
참방참방 뛰다가
미끌미끌 바닥에 홀라당!

5 주인공은 봄비 속에서 어떻게 뛰었나요? ○ 하세요.

살금살금

조심조심   참방참방

6 봄비가 내려서 어디가 미끌미끌한가요? 답을 쓰세요.

하늘 | 바닥

→ **바닥**

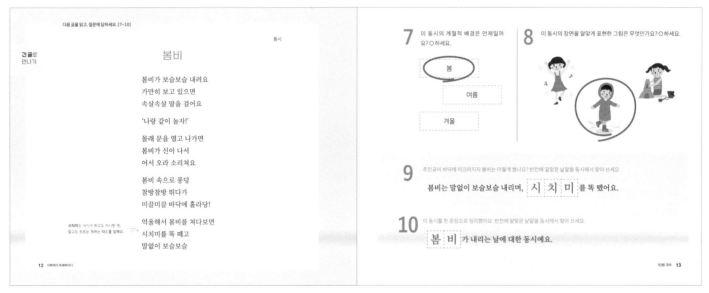

동시

긴 글로 만나기

봄비

봄비가 보슬보슬 내려요
가만히 보고 있으면
속살속살 말을 걸어요

'나랑 같이 놀자!'

몰래 문을 열고 나가면
봄비가 신이 나서
어서 오라 소리쳐요

봄비 속으로 풍덩
참방참방 뛰다가
미끌미끌 바닥에 홀라당!

억울해서 봄비를 쳐다보면
시치미를 똑 떼고
말없이 보슬보슬

시치미는 자기가 하고도 아니한 척,
알고도 모르는 척하는 태도를 말해요.

7 이 동시의 계절적 배경은 언제일까요? ○ 하세요.

봄

여름

겨울

8 이 동시의 장면을 알맞게 표현한 그림은 무엇인가요? ○ 하세요.

9 주인공이 바닥에 미끄러지자 봄비는 어떻게 했나요? 빈칸에 알맞은 낱말을 동시에서 찾아 쓰세요.

봄비는 말없이 보슬보슬 내리며, 시 치 미 를 똑 뗐어요.

10 이 동시를 한 문장으로 정리했어요. 빈칸에 알맞은 낱말을 동시에서 찾아 쓰세요.

봄 비 가 내리는 날에 대한 동시예요.

02. 행복한 생일 / 14~19쪽

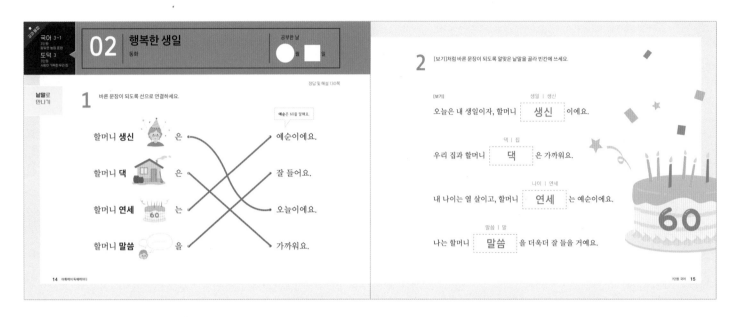

〈동화〉

동화는 글쓴이가 어린이를 위해서 있음 직한 이야기를 상상하여 쓴 글이에요. 이 동화는 할머니와 나의 생일날에 대한 이야기예요.

 **더 알아보기**

높임말

높임말은 사람이나 사물을 높여서 이르는 말로, 웃어른께 말을 할 때 사용해요. 높임말에는 웃어른을 공경하는 마음이 담겨 있지요. 높임말을 더 알아볼까요?

- 생일 - 생신
- 집 - 댁
- 나이 - 연세
- 말 - 말씀
- 밥 - 진지
- 주다 - 드리다
- 자다 - 주무시다
- 먹다 - 잡수다
- 물어보다 - 여쭈어보다

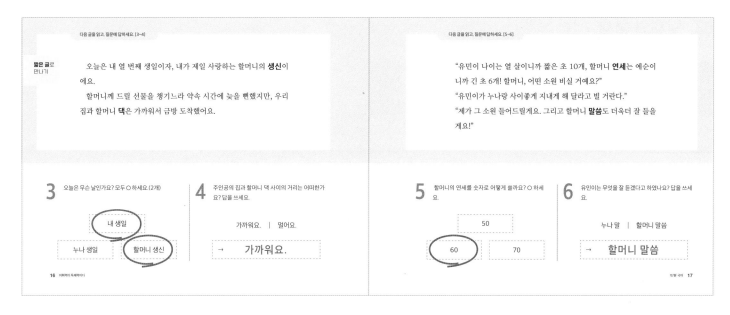

다음 글을 읽고, 질문에 답하세요. [3~4]

짧은 글로 만나기

오늘은 내 열 번째 생일이자, 내가 제일 사랑하는 할머니의 **생신**이에요.

할머니께 드릴 선물을 챙기느라 약속 시간에 늦을 뻔했지만, 우리 집과 할머니 **댁**은 가까워서 금방 도착했어요.

다음 글을 읽고, 질문에 답하세요. [5~6]

"유민이 나이는 열 살이니까 짧은 초 10개, 할머니 **연세**는 예순이니까 긴 초 6개! 할머니, 어떤 소원 비실 거예요?"

"유민이가 누나랑 사이좋게 지내게 해 달라고 빌 거란다."

"제가 그 소원 들어드릴게요. 그리고 할머니 **말씀**도 더욱더 잘 들을 게요!"

3 오늘은 무슨 날인가요? 모두 ○ 하세요. (2개)

내 생일 (○)
누나 생일 │ 할머니 생신 (○)

4 주인공의 집과 할머니 댁 사이의 거리는 어떠한가요? 답을 쓰세요.

가까워요. │ 멀어요.

→ 가까워요.

5 할머니의 연세를 숫자로 어떻게 쓸까요? ○ 하세요.

50
60 (○) │ 70

6 유민이는 무엇을 잘 듣겠다고 하였나요? 답을 쓰세요.

누나 말 │ 할머니 말씀

→ 할머니 말씀

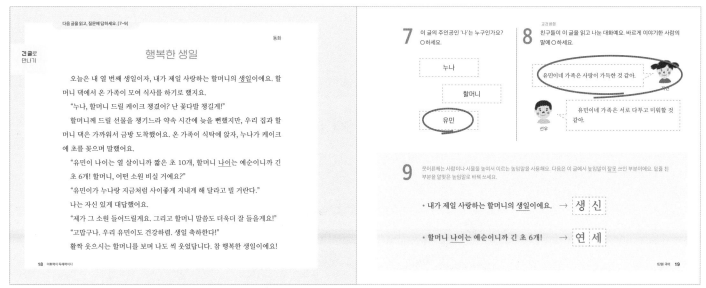

다음 글을 읽고, 질문에 답하세요. [7~9]

동화

긴 글로 만나기

행복한 생일

오늘은 내 열 번째 생일이자, 내가 제일 사랑하는 할머니의 생일이에요. 할머니 댁에서 온 가족이 모여 식사를 하기로 했지요.

"누나, 할머니 드릴 케이크 챙겼어? 난 꽃다발 챙길게!"

할머니께 드릴 선물을 챙기느라 약속 시간에 늦을 뻔했지만, 우리 집과 할머니 댁은 가까워서 금방 도착했어요. 온 가족이 식탁에 앉자, 누나가 케이크에 초를 꽂으며 말했어요.

"유민이 나이는 열 살이니까 짧은 초 10개, 할머니 나이는 예순이니까 긴 초 6개! 할머니, 어떤 소원 비실 거예요?"

"유민이가 누나랑 지금처럼 사이좋게 지내게 해 달라고 빌 거란다."

나는 자신 있게 대답했어요.

"제가 그 소원 들어드릴게요. 그리고 할머니 말씀도 더욱더 잘 들을게요!"

"고맙구나. 우리 유민이도 건강하렴. 생일 축하한다!"

활짝 웃으시는 할머니를 보며 나도 씩 웃었답니다. 참 행복한 생일이에요!

7 이 글의 주인공인 '나'는 누구인가요? ○ 하세요.

누나
할머니
유민 (○)

8 친구들이 이 글을 읽고 나눈 대화예요. 바르게 이야기한 사람의 말에 ○ 하세요.

교과융합

유민이네 가족은 사랑이 가득한 것 같아. (○)

유민이네 가족은 서로 다투고 미워할 것 같아.
선우

9 웃어른께는 사람이나 사물을 높여서 이르는 높임말을 사용해요. 다음은 이 글에서 높임말이 잘못 쓰인 부분이에요. 밑줄 친 부분을 알맞은 높임말로 바꿔 쓰세요.

• 내가 제일 사랑하는 할머니의 <u>생일</u>이에요. → 생 신

• 할머니 <u>나이</u>는 예순이니까 긴 초 6개! → 연 세

03. 텃새와 철새 / 20~25쪽

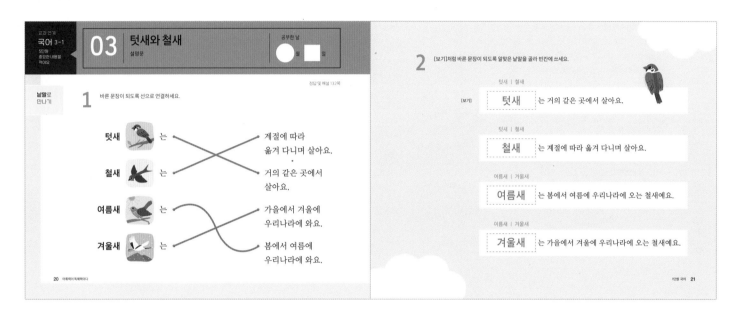

03 | 텃새와 철새
설명문

공부한 날
◯ 월 ▢ 일

정답 및 해설 132쪽

낱말로 만나기

1 바른 문장이 되도록 선으로 연결하세요.

텃새 는 · · 계절에 따라 옮겨 다니며 살아요.

철새 는 · · 거의 같은 곳에서 살아요.

여름새 는 · · 가을에서 겨울에 우리나라에 와요.

겨울새 는 · · 봄에서 여름에 우리나라에 와요.

20 어휘력이 독해력이다

2 [보기]처럼 바른 문장이 되도록 알맞은 낱말을 골라 빈칸에 쓰세요.

텃새 | 철새
[보기] **텃새** 는 거의 같은 곳에서 살아요.

텃새 | 철새
철새 는 계절에 따라 옮겨 다니며 살아요.

여름새 | 겨울새
여름새 는 봄에서 여름에 우리나라에 오는 철새예요.

여름새 | 겨울새
겨울새 는 가을에서 겨울에 우리나라에 오는 철새예요.

1단원 국어 21

〈설명문〉

설명문은 지식이나 정보를 전달하기 위해 쓴 글이에요. 이 글은 텃새와 철새에 대한 정보를 주고 있어요.

➕ 더 알아보기

우리나라에서 더 볼 수 있는 텃새와 철새

까치는 우리나라에서 사계절 내내 볼 수 있는 텃새예요. 제비와 백조는 철새예요. 제비는 봄에 우리나라에 찾아오는 여름새이고, 백조는 가을에 우리나라에 찾아오는 겨울새랍니다.

▲ 까치 (텃새)

▲ 제비 (여름새)

▲ 백조 (겨울새)

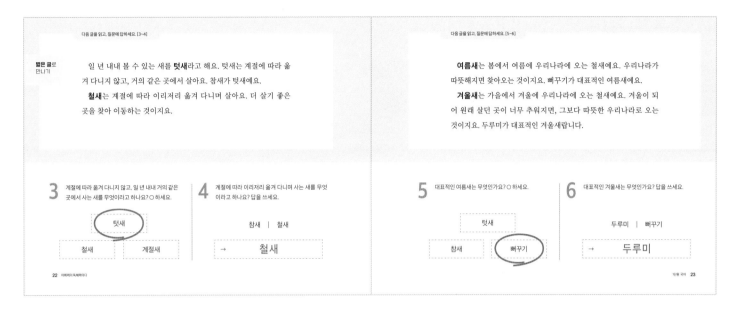

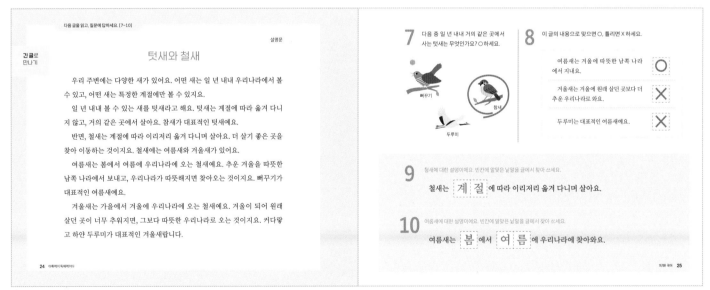

04. 지구 온난화를 해결합시다 / 26~31쪽

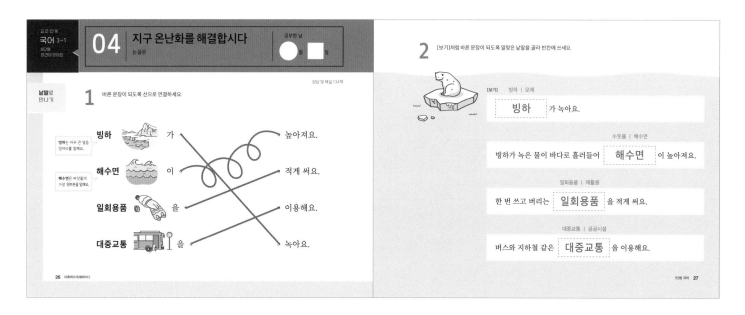

더 알아보기

〈논설문〉

논설문은 어떤 주제에 대하여 자기의 생각이나 주장을 체계적으로 밝혀서 쓴 글이에요. 이 글은 지구 온난화를 해결하자고 주장하는 글이에요.

지구 온난화 해결 방법

글에 나온 내용 이외에, 지구 온난화를 해결하기 위해 생활 속에서 실천할 수 있는 방법들을 더 알아보아요.

- 사용하지 않을 때는 실내의 전등을 꺼요.
- 사용하지 않는 전자 제품의 플러그를 뽑아요.
- 엘리베이터 대신 계단을 이용해요.
- 여름에는 에어컨의 온도를 조금 높이고, 겨울에는 보일러의 온도를 조금 낮춰서 실내를 적당한 온도로 유지해요.

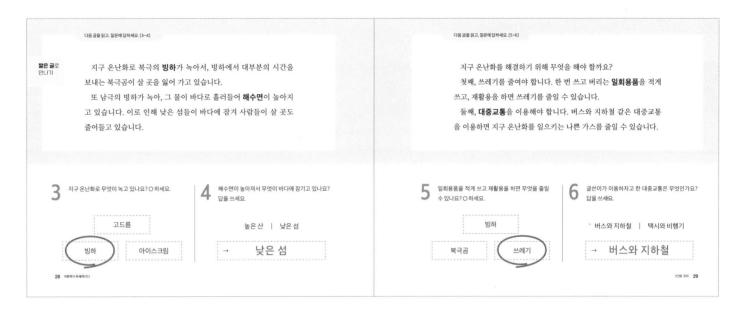

다음 글을 읽고, 질문에 답하세요. [3~4]

짧은 글로 만나기

지구 온난화로 북극의 **빙하**가 녹아서, 빙하에서 대부분의 시간을 보내는 북극곰이 살 곳을 잃어 가고 있습니다.

또 남극의 빙하가 녹아, 그 물이 바다로 흘러들어 **해수면**이 높아지고 있습니다. 이로 인해 낮은 섬들이 바다에 잠겨 사람들이 살 곳도 줄어들고 있습니다.

3 지구 온난화로 무엇이 녹고 있나요? ○ 하세요.

고드름

(빙하)   아이스크림

4 해수면이 높아져서 무엇이 바다에 잠기고 있나요? 답을 쓰세요.

높은 산 | 낮은 섬

→   낮은 섬

28 어휘력이 독해력이다

다음 글을 읽고, 질문에 답하세요. [5~6]

지구 온난화를 해결하기 위해 무엇을 해야 할까요?

첫째, 쓰레기를 줄여야 합니다. 한 번 쓰고 버리는 **일회용품**을 적게 쓰고, 재활용을 하면 쓰레기를 줄일 수 있습니다.

둘째, **대중교통**을 이용해야 합니다. 버스와 지하철 같은 대중교통을 이용하면 지구 온난화를 일으키는 나쁜 가스를 줄일 수 있습니다.

5 일회용품을 적게 쓰고 재활용을 하면 무엇을 줄일 수 있나요? ○ 하세요.

빙하

북극곰   (쓰레기)

6 글쓴이가 이용하자고 한 대중교통은 무엇인가요? 답을 쓰세요.

버스와 지하철 | 택시와 비행기

→   버스와 지하철

1단원 국어 29

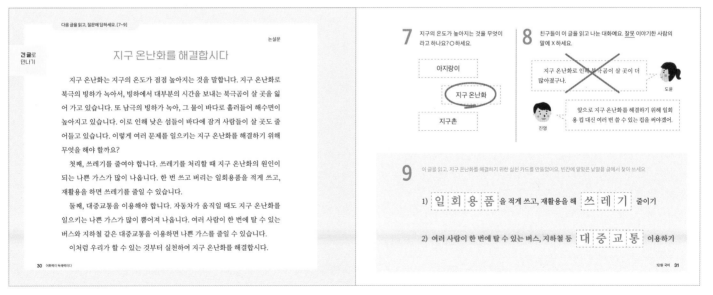

다음 글을 읽고, 질문에 답하세요. [7~9]

긴 글로 만나기

논설문

지구 온난화를 해결합시다

지구 온난화는 지구의 온도가 점점 높아지는 것을 말합니다. 지구 온난화로 북극의 빙하가 녹아서, 빙하에서 대부분의 시간을 보내는 북극곰이 살 곳을 잃어 가고 있습니다. 또 남극의 빙하가 녹아, 그 물이 바다로 흘러들어 해수면이 높아지고 있습니다. 이로 인해 낮은 섬들이 바다에 잠겨 사람들이 살 곳도 줄어들고 있습니다. 이렇게 여러 문제를 일으키는 지구 온난화를 해결하기 위해 무엇을 해야 할까요?

첫째, 쓰레기를 줄여야 합니다. 쓰레기를 처리할 때 지구 온난화의 원인이 되는 나쁜 가스가 많이 나옵니다. 한 번 쓰고 버리는 일회용품을 적게 쓰고, 재활용을 하면 쓰레기를 줄일 수 있습니다.

둘째, 대중교통을 이용해야 합니다. 자동차가 움직일 때도 지구 온난화를 일으키는 나쁜 가스가 많이 뿜어져 나옵니다. 여러 사람이 한 번에 탈 수 있는 버스와 지하철 같은 대중교통을 이용하면 나쁜 가스를 줄일 수 있습니다.

이처럼 우리가 할 수 있는 것부터 실천하여 지구 온난화를 해결합시다.

30 어휘력이 독해력이다

7 지구의 온도가 높아지는 것을 무엇이라고 하나요? ○ 하세요.

아지랑이

(지구 온난화)

지구촌

8 친구들이 이 글을 읽고 나눈 대화예요. 잘못 이야기한 사람의 말에 X 하세요.

지구 온난화로 인해 북극곰이 살 곳이 더 많아졌구나.

도윤

앞으로 지구 온난화를 해결하기 위해 일회용 컵 대신 여러 번 쓸 수 있는 컵을 써야겠어.

진영

9 이 글을 읽고, 지구 온난화를 해결하기 위한 실천 카드를 만들었어요. 빈칸에 알맞은 낱말을 글에서 찾아 쓰세요.

1) 일 회 용 품 을 적게 쓰고, 재활용을 해 쓰 레 기 줄이기

2) 여러 사람이 한 번에 탈 수 있는 버스, 지하철 등 대 중 교 통 이용하기

1단원 국어 31

06. 경주의 문화유산 / 38~43쪽

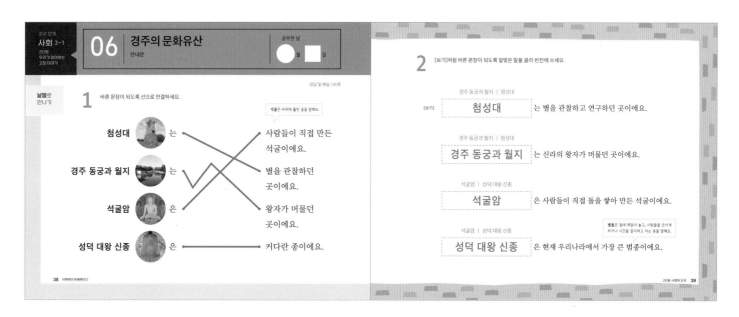

〈안내문〉

안내문은 어떤 내용을 다른 사람에게 알려 주기 위해 쓴 글이에요. 이 안내문은 경주 지역의 문화유산에 대해 알려 주고 있어요.

 더 알아보기

문화유산

문화유산이란 조상 대대로 전해 내려온 문화 중에서 다음 세대에 물려줄 만한 가치가 있는 것을 뜻해요. 문화유산은 크게 유형 문화유산과 무형 문화유산으로 나눌 수 있어요.

유형 문화유산 | 건축물, 그림, 공예품, 과학 발명품 등과 같이 형태가 있는 문화유산을 뜻해요. 이 글에 소개된 첨성대, 경주 동궁과 월지, 석굴암, 성덕 대왕 신종 등이 유형 문화유산이에요.

무형 문화유산 | 예술 활동, 기술 등과 같이 형태가 없는 문화유산을 뜻해요. 우리가 잘 알고 있는 강강술래, 겨울 내내 먹기 위해 김치를 한꺼번에 많이 담그는 김장 문화 등이 무형 문화유산이에요.

짧은 글로 만나기

[첨성대] 별을 관찰하고 연구하던 곳이에요. 첨성대를 살펴보면서, 당시 사람들이 어떻게 별을 관찰했는지 상상해 보세요.

[경주 동궁과 월지] 신라의 왕자가 머물던 곳으로, 궁궐과 연못이 있어요. 나라에 기쁜 일이 있을 때 잔치를 열거나, 귀한 손님을 맞이할 때 사용되었지요.

[석굴암] 사람들이 직접 돌을 쌓고 흙을 덮어 만든 석굴이에요. 석굴암 안에는 부드러운 표정을 짓고 있는 부처님 조각상이 있어요.

[성덕 대왕 신종] 신라에서 만든 범종으로, 지금까지 우리나라에 남아 있는 범종 가운데 가장 크지요.

3 첨성대는 무엇을 관찰하고 연구하던 곳인가요? ○하세요.

바다

산 | (별)

4 경주 동궁과 월지는 누가 머물던 곳인가요? 답을 쓰세요.

조선의 신하 | 신라의 왕자

→ **신라의 왕자**

5 석굴암에는 어떤 조각상이 있나요? ○하세요.

(부처님)

왕자 | 왕비

6 성덕 대왕 신종은 어느 나라에서 만든 범종인가요? 답을 쓰세요.

신라 | 고려

→ **신라**

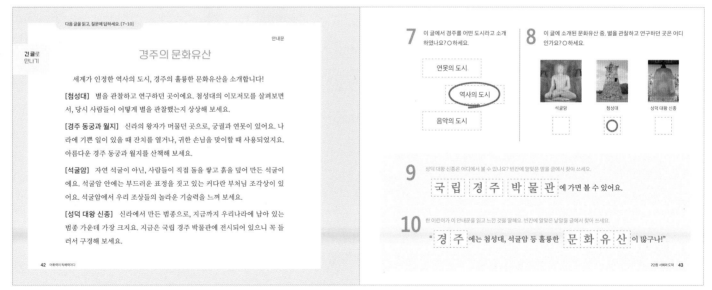

안내문

긴 글로 만나기

경주의 문화유산

세계가 인정한 역사의 도시, 경주의 훌륭한 문화유산을 소개합니다!

[첨성대] 별을 관찰하고 연구하던 곳이에요. 첨성대의 이모저모를 살펴보면서, 당시 사람들이 어떻게 별을 관찰했는지 상상해 보세요.

[경주 동궁과 월지] 신라의 왕자가 머물던 곳으로, 궁궐과 연못이 있어요. 나라에 기쁜 일이 있을 때 잔치를 열거나, 귀한 손님을 맞이할 때 사용되었지요. 아름다운 경주 동궁과 월지를 산책해 보세요.

[석굴암] 자연 석굴이 아닌, 사람들이 직접 돌을 쌓고 흙을 덮어 만든 석굴이에요. 석굴암 안에는 부드러운 표정을 짓고 있는 커다란 부처님 조각상이 있어요. 석굴암에서 우리 조상들의 놀라운 기술력을 느껴 보세요.

[성덕 대왕 신종] 신라에서 만든 범종으로, 지금까지 우리나라에 남아 있는 범종 가운데 가장 크지요. 지금은 국립 경주 박물관에 전시되어 있으니 꼭 들러서 구경해 보세요.

7 이 글에서 경주를 어떤 도시라고 소개하나요? ○하세요.

연못의 도시

(역사의 도시)

음악의 도시

8 이 글에 소개된 문화유산 중, 별을 관찰하고 연구하던 곳은 어디인가요? ○하세요.

석굴암　　　첨성대　　　성덕 대왕 신종

□　　　○　　　□

9 성덕 대왕 신종은 어디에서 볼 수 있나요? 빈칸에 알맞은 말을 글에서 찾아 쓰세요.

| 국 | 립 | 경 | 주 | 박 | 물 | 관 | 에 가면 볼 수 있어요.

10 한 어린이가 이 안내문을 읽고 느낀 것을 말해요. 빈칸에 알맞은 낱말을 글에서 찾아 쓰세요.

"| 경 | 주 | 에는 첨성대, 석굴암 등 훌륭한 | 문 | 화 | 유 | 산 | 이 많구나!"

07. 옛날의 통신 수단 / 44~49쪽

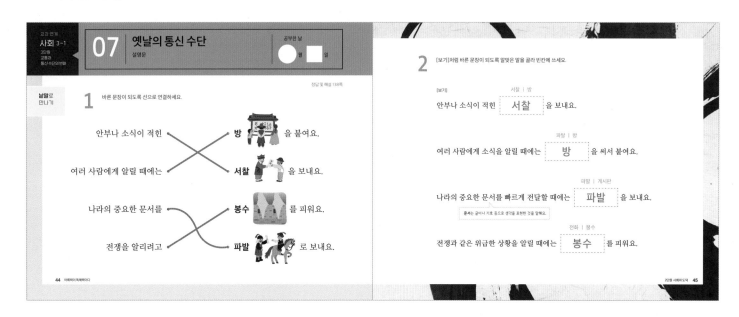

〈설명문〉

　설명문은 지식이나 정보를 전달하기 위해 쓴 글이에요. 이 글은 옛날의 통신 수단인 서찰, 방, 파발, 봉수에 대해 설명하고 있어요.

 더 알아보기

파발의 종류

　파발은 나라의 급한 소식이나 중요한 문서를 빠르게 전달하는 옛날의 통신 수단으로, '보발'과 '기발'로 나눌 수 있어요.

　'보발'은 사람이 직접 걷거나 뛰어가서 소식을 전달하는 것이에요. 일정한 거리마다 '참'이라는 곳을 두어, 이곳에서 새로운 사람으로 교대한 후 이어서 소식을 전달했어요.

　'기발'은 말을 타고 가서 소식을 전달하는 것이에요. 기발의 경우도 군데군데 참을 두어, 말이 쉬어 가거나 다른 말로 바꿔 타고 갈 수 있게 했어요.

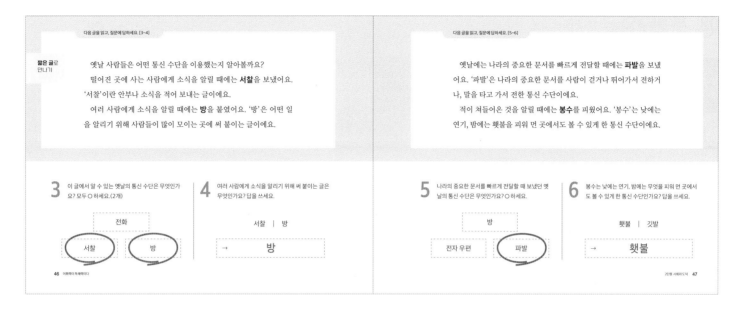

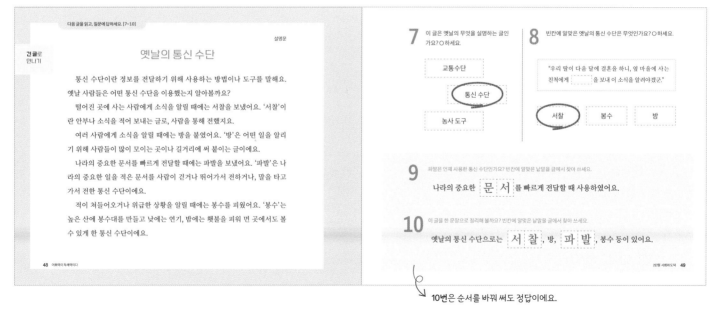

08. 두 친구와 곰 / 50~55쪽

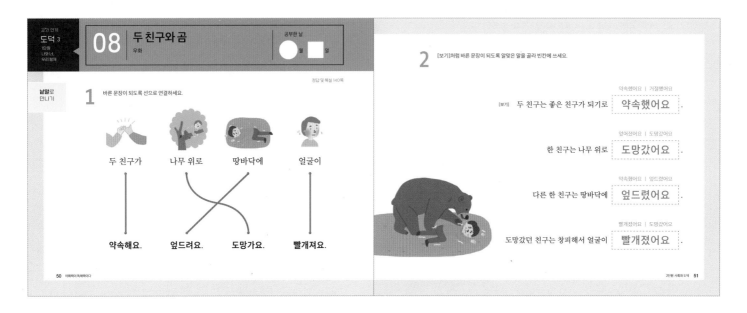

08 두 친구와 곰
우화

공부한 날 ⚪ 월 ⬜ 일

정답 및 해설 140쪽

낱말로 만나기

1 바른 문장이 되도록 선으로 연결하세요.

두 친구가 　 나무 위로 　 땅바닥에 　 얼굴이

약속해요. 　 엎드려요. 　 도망가요. 　 빨개져요.

2 [보기]처럼 바른 문장이 되도록 알맞은 말을 골라 빈칸에 쓰세요.

약속했어요 | 거절했어요
[보기] 두 친구는 좋은 친구가 되기로 **약속했어요**.

엎어졌어요 | 도망갔어요
한 친구는 나무 위로 **도망갔어요**.

약속했어요 | 엎드렸어요
다른 한 친구는 땅바닥에 **엎드렸어요**.

빨개졌어요 | 도망갔어요
도망갔던 친구는 창피해서 얼굴이 **빨개졌어요**

50 　어휘력이 독해력이다　　　　　　　　　　　2단원 사회와 도덕 51

〈우화〉

우화는 사람처럼 행동하는 동식물이나 사물을 주인공으로 하여, 이들의 행동 속에서 교훈을 주고자 하는 이야기예요. 이 글은 친구 사이의 우정에 대한 교훈을 담고 있어요.

➕ 더 알아보기

이솝 우화

〈두 친구와 곰〉은 '이솝 우화' 중 하나예요. 이솝 우화는 고대 그리스의 이솝이란 이야기꾼이 지은 우화이지요. 우리에게 익숙한 〈토끼와 거북이〉, 〈여우와 두루미〉, 〈개미와 베짱이〉 등도 이솝 우화예요.

이솝 우화는 처음부터 책으로 만들어진 것은 아니에요. 이솝의 이야기들이 입에서 입으로 전해지다가, 후대의 사람들이 글로 정리하며 '이솝 우화'라는 제목을 붙였답니다.

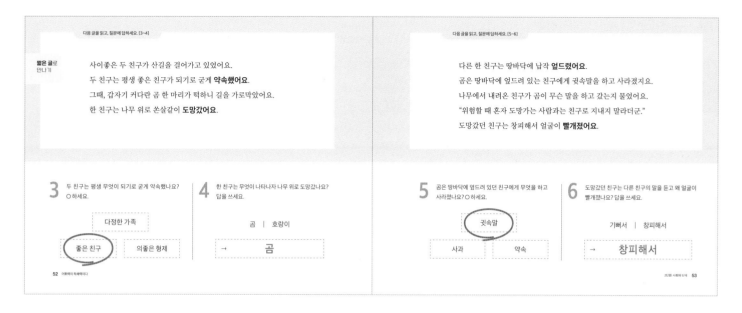

**짧은 글로
만나기**

사이좋은 두 친구가 산길을 걸어가고 있었어요.

두 친구는 평생 좋은 친구가 되기로 굳게 **약속했어요.**

그때, 갑자기 커다란 곰 한 마리가 떡하니 길을 가로막았어요.

한 친구는 나무 위로 쏜살같이 **도망갔어요.**

3 두 친구는 평생 무엇이 되기로 굳게 약속했나요?
○하세요.

다정한 가족

(좋은 친구)   의좋은 형제

4 한 친구는 무엇이 나타나자 나무 위로 도망갔나요?
답을 쓰세요.

곰 | 호랑이

→ **곰**

52 어휘력이 독해력이다

다른 한 친구는 땅바닥에 납작 **엎드렸어요.**

곰은 땅바닥에 엎드려 있는 친구에게 귓속말을 하고 사라졌지요.

나무에서 내려온 친구가 곰이 무슨 말을 하고 갔는지 물었어요.

"위험할 때 혼자 도망가는 사람과는 친구로 지내지 말라더군."

도망갔던 친구는 창피해서 얼굴이 **빨개졌어요.**

5 곰은 땅바닥에 엎드려 있던 친구에게 무엇을 하고
사라졌나요? ○하세요.

(귓속말)

사과   약속

6 도망갔던 친구는 다른 친구의 말을 듣고 왜 얼굴이
빨개졌나요? 답을 쓰세요.

기뻐서 | 창피해서

→ **창피해서**

2단원 사회와 도덕 53

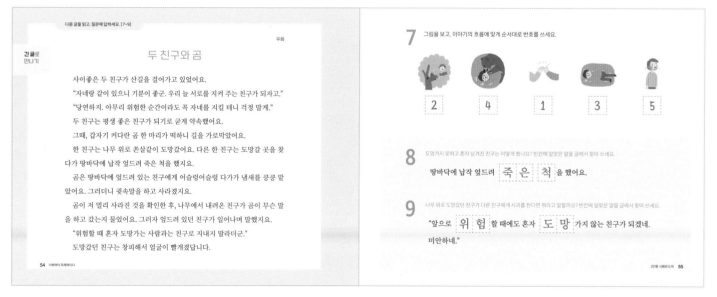

우화

**긴 글로
만나기**

두 친구와 곰

사이좋은 두 친구가 산길을 걸어가고 있었어요.

"자네랑 같이 있으니 기분이 좋군. 우리 늘 서로를 지켜 주는 친구가 되자고."

"당연하지. 아무리 위험한 순간이라도 꼭 자네를 지킬 테니 걱정 말게."

두 친구는 평생 좋은 친구가 되기로 굳게 약속했어요.

그때, 갑자기 커다란 곰 한 마리가 떡하니 길을 가로막았어요.

한 친구는 나무 위로 쏜살같이 도망갔어요. 다른 한 친구는 도망갈 곳을 찾
다가 땅바닥에 납작 엎드려 죽은 척을 했지요.

곰은 땅바닥에 엎드려 있는 친구에게 어슬렁어슬렁 다가가 냄새를 킁킁 맡
았어요. 그러더니 귓속말을 하고 사라졌지요.

곰이 저 멀리 사라진 것을 확인한 후, 나무에서 내려온 친구가 곰이 무슨 말
을 하고 갔는지 물었어요. 그러자 엎드려 있던 친구가 일어나며 말했지요.

"위험할 때 혼자 도망가는 사람과는 친구로 지내지 말라더군."

도망갔던 친구는 창피해서 얼굴이 빨개졌답니다.

54 어휘력이 독해력이다

7 그림을 보고, 이야기의 흐름에 맞게 순서대로 번호를 쓰세요.

[2]   [4]   [1]   [3]   [5]

8 도망가지 못하고 혼자 남겨진 친구는 어떻게 했나요? 빈칸에 알맞은 말을 글에서 찾아 쓰세요.

땅바닥에 납작 엎드려 죽 은 척 을 했어요.

9 나무 위로 도망갔던 친구가 다른 친구에게 사과를 한다면 뭐라고 말할까요? 빈칸에 알맞은 말을 글에서 찾아 쓰세요.

"앞으로 위 험 할 때에도 혼자 도 망 가지 않는 친구가 되겠네.
미안하네."

2단원 사회와 도덕 55

09. 프리다 칼로 / 56~61쪽

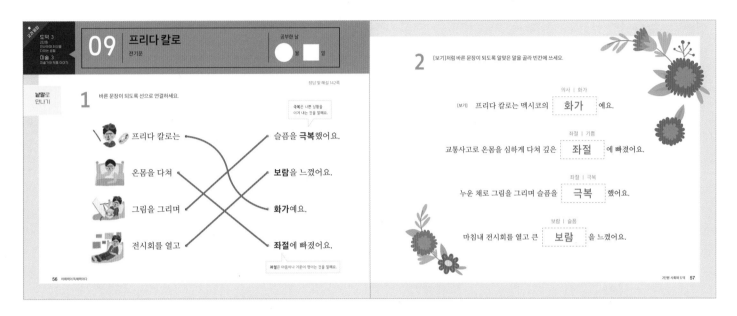

〈전기문〉

전기문은 한 사람의 인생과 한 일들을 전하기 위해 쓴 글이에요. 이 글은 멕시코의 유명한 화가인 프리다 칼로에 대한 이야기예요.

➕ 더 알아보기

프리다 칼로 (1907~1954)

프리다 칼로는 1907년 멕시코시티의 코요아칸이라는 마을에서 태어났어요. 프리다 칼로는 여섯 살 때 소아마비라는 병을 앓아 다리가 불편했고, 열여덟 살에 교통사고를 당해 평생 삼십여 차례나 수술을 받아야만 했지요. 이러한 엄청난 일을 겪으며 프리다 칼로는 몸과 마음 모두 너무 힘들었어요. 그러나 여기에서 좌절하지 않고, 본인만의 독특한 그림을 그리며 고통을 극복했지요. 이후 프리다 칼로는 멕시코뿐만 아니라, 전 세계적으로 사랑받는 화가가 되었어요. 특히 프리다 칼로 본인의 모습을 그린 자화상이 많은 사람들의 사랑을 받고 있답니다.

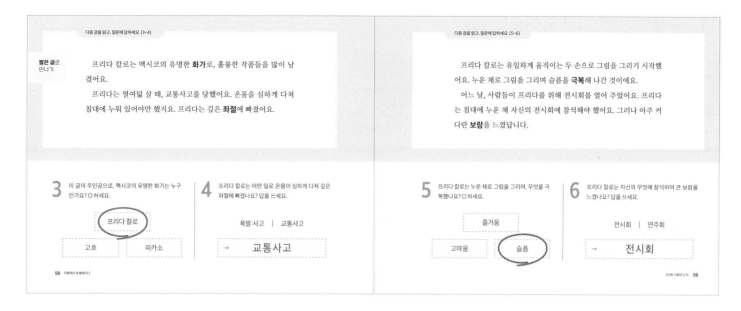

다음 글을 읽고, 질문에 답하세요. [3-4]

짧은 글로 만나기

프리다 칼로는 멕시코의 유명한 **화가**로, 훌륭한 작품들을 많이 남겼어요.

프리다는 열여덟 살 때, 교통사고를 당했어요. 온몸을 심하게 다쳐 침대에 누워 있어야만 했지요. 프리다는 깊은 **좌절**에 빠졌어요.

3 이 글의 주인공으로, 멕시코의 유명한 화가는 누구인가요? ○하세요.

프리다 칼로

고흐 피카소

4 프리다 칼로는 어떤 일로 온몸이 심하게 다쳐 깊은 좌절에 빠졌나요? 답을 쓰세요.

폭발 사고 | 교통사고

→ 교통사고

다음 글을 읽고, 질문에 답하세요. [5-6]

프리다 칼로는 유일하게 움직이는 두 손으로 그림을 그리기 시작했어요. 누운 채로 그림을 그리며 슬픔을 **극복**해 나간 것이에요.

어느 날, 사람들이 프리다를 위해 전시회를 열어 주었어요. 프리다는 침대에 누운 채 자신의 전시회에 참석해야 했어요. 그러나 아주 커다란 **보람**을 느꼈답니다.

5 프리다 칼로는 누운 채로 그림을 그리며, 무엇을 극복했나요? ○하세요.

즐거움

고마움 슬픔

6 프리다 칼로는 자신의 무엇에 참석하여 큰 보람을 느꼈나요? 답을 쓰세요.

전시회 | 연주회

→ 전시회

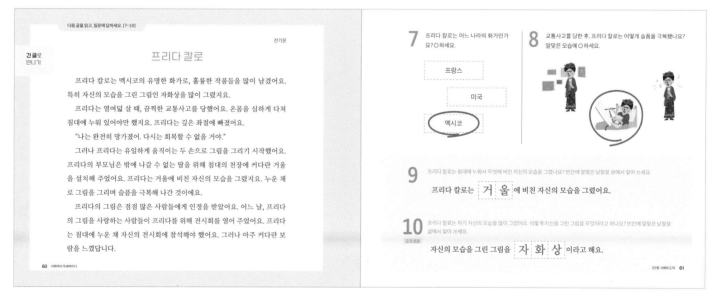

다음 글을 읽고, 질문에 답하세요. [7-10]

전기문

긴 글로 만나기

프리다 칼로

프리다 칼로는 멕시코의 유명한 화가로, 훌륭한 작품들을 많이 남겼어요. 특히 자신의 모습을 그린 그림인 자화상을 많이 그렸지요.

프리다는 열여덟 살 때, 끔찍한 교통사고를 당했어요. 온몸을 심하게 다쳐 침대에 누워 있어야만 했지요. 프리다는 깊은 좌절에 **빠졌어요**.

"나는 완전히 망가졌어. 다시는 회복할 수 없을 거야."

그러나 프리다는 유일하게 움직이는 두 손으로 그림을 그리기 시작했어요. 프리다의 부모님은 밖에 나갈 수 없는 딸을 위해 침대의 천장에 커다란 거울을 설치해 주었어요. 프리다는 거울에 비친 자신의 모습을 그렸지요. 누운 채로 그림을 그리며 슬픔을 극복해 나간 것이에요.

프리다의 그림은 점점 많은 사람들에게 인정을 받았어요. 어느 날, 프리다의 그림을 사랑하는 사람들이 프리다를 위해 전시회를 열어 주었어요. 프리다는 침대에 누운 채 자신의 전시회에 참석해야 했어요. 그러나 아주 커다란 보람을 느꼈답니다.

7 프리다 칼로는 어느 나라의 화가인가요? ○하세요.

프랑스

미국

멕시코

8 교통사고를 당한 후, 프리다 칼로는 어떻게 슬픔을 극복했나요? 알맞은 모습에 ○하세요.

9 프리다 칼로는 침대에 누워서 무엇에 비친 자신의 모습을 그렸나요? 빈칸에 알맞은 낱말을 글에서 찾아 쓰세요.

프리다 칼로는 거 울 에 비친 자신의 모습을 그렸어요.

10 프리다 칼로는 자기 자신의 모습을 많이 그렸어요. 이렇게 자신을 그린 그림을 무엇이라고 하나요? 빈칸에 알맞은 낱말을 글에서 찾아 쓰세요.

자신의 모습을 그린 그림을 자 화 상 이라고 해요.

11. 공룡 박사님, 질문 있어요! / 68~73쪽

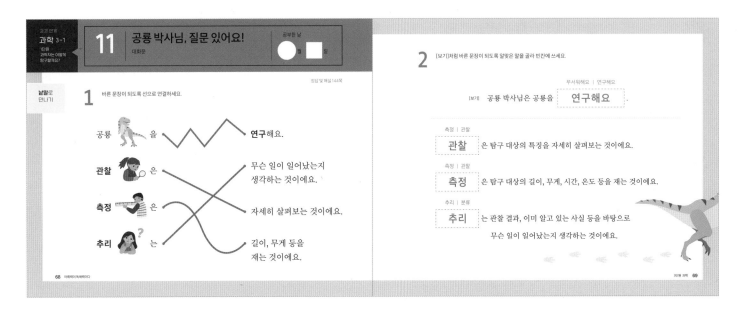

〈대화문〉

대화문은 대화의 형식으로 이루어진 글이에요. 이 글에서는 공룡 박사님과 현정이가 공룡 발자국을 보며 대화를 나누고 있어요.

➕ 더 알아보기

재미있는 공룡의 이름 이야기

공룡 이름은 각 공룡의 특징을 담고 있어요. 무서운 육식 공룡인 '티라노사우루스'는 '폭군 도마뱀'이라는 뜻이에요. 거대한 초식 공룡인 '브라키오사우루스'는 '팔 도마뱀'이라는 뜻이에요. 앞다리가 뒷다리보다 길어서 붙은 이름이지요. 초식 공룡인 '스테고사우루스'는 '지붕 도마뱀'이라는 뜻이에요. 등에 달린 커다란 골판 때문에 이렇게 부른답니다.

▲ 브라키오사우루스

▲ 스테고사우루스

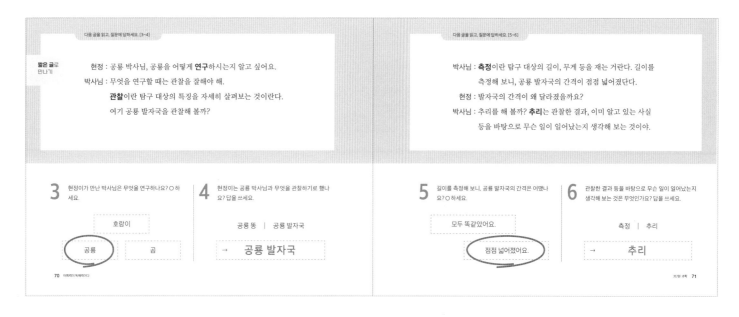

짧은 글로 만나기

현정 : 공룡 박사님, 공룡을 어떻게 **연구**하시는지 알고 싶어요.

박사님 : 무엇을 연구할 때는 관찰을 잘해야 해.

관찰이란 탐구 대상의 특징을 자세히 살펴보는 것이란다.

여기 공룡 발자국을 관찰해 볼까?

박사님 : **측정**이란 탐구 대상의 길이, 무게 등을 재는 거란다. 길이를 측정해 보니, 공룡 발자국의 간격이 점점 넓어졌단다.

현정 : 발자국의 간격이 왜 달라졌을까요?

박사님 : 추리를 해 볼까? **추리**는 관찰한 결과, 이미 알고 있는 사실 등을 바탕으로 무슨 일이 일어났는지 생각해 보는 것이야.

3 현정이가 만난 박사님은 무엇을 연구하나요? ○하세요.

호랑이
(공룡)	곰

4 현정이는 공룡 박사님과 무엇을 관찰하기로 했나요? 답을 쓰세요.

공룡 똥 | 공룡 발자국

→ 공룡 발자국

5 길이를 측정해 보니, 공룡 발자국의 간격은 어땠나요? ○하세요.

모두 똑같았어요.
(점점 넓어졌어요.)

6 관찰한 결과 등을 바탕으로 무슨 일이 일어났는지 생각해 보는 것은 무엇인가요? 답을 쓰세요.

측정 | 추리

→ 추리

70 어휘하이 독해파이드   3단원 과학 71

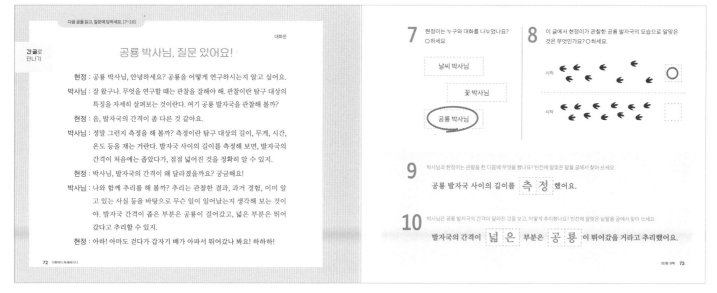

긴 글로 만나기

대화문

공룡 박사님, 질문 있어요!

현정 : 공룡 박사님, 안녕하세요? 공룡을 어떻게 연구하시는지 알고 싶어요.

박사님 : 잘 왔구나. 무엇을 연구할 때는 관찰을 잘해야 해. 관찰이란 탐구 대상의 특징을 자세히 살펴보는 것이란다. 여기 공룡 발자국을 관찰해 볼까?

현정 : 음, 발자국의 간격이 좀 다른 것 같아요.

박사님 : 정말 그런지 측정을 해 볼까? 측정이란 탐구 대상의 길이, 무게, 시간, 온도 등을 재는 거란다. 발자국 사이의 길이를 측정해 보면, 발자국의 간격이 처음에는 좁았다가, 점점 넓어진 것을 정확히 알 수 있지.

현정 : 박사님, 발자국의 간격이 왜 달라졌을까요? 궁금해요!

박사님 : 나와 함께 추리를 해 볼까? 추리는 관찰한 결과, 과거 경험, 이미 알고 있는 사실 등을 바탕으로 무슨 일이 일어났는지 생각해 보는 것이야. 발자국 간격이 좁은 부분은 공룡이 걸어갔고, 넓은 부분은 뛰어갔다고 추리할 수 있지.

현정 : 아하! 아마도 걷다가 갑자기 배가 아파서 뛰어갔나 봐요! 하하하!

7 현정이는 누구와 대화를 나누었나요? ○하세요.

날씨 박사님
꽃 박사님
(공룡 박사님)

8 이 글에서 현정이가 관찰한 공룡 발자국의 모습으로 알맞은 것은 무엇인가요? ○하세요.

9 박사님과 현정이는 관찰을 한 다음에 무엇을 했나요? 빈칸에 알맞은 말을 글에서 찾아 쓰세요.

공룡 발자국 사이의 길이를 측 정 했어요.

10 박사님은 공룡 발자국의 간격이 달라진 것을 보고, 어떻게 추리했나요? 빈칸에 알맞은 낱말을 글에서 찾아 쓰세요.

발자국의 간격이 넓 은 부분은 공 룡 이 뛰어갔을 거라고 추리했어요.

72 어휘하이 독해파이드   3단원 과학 73

12. 산신령과 나무꾼 / 74~79쪽

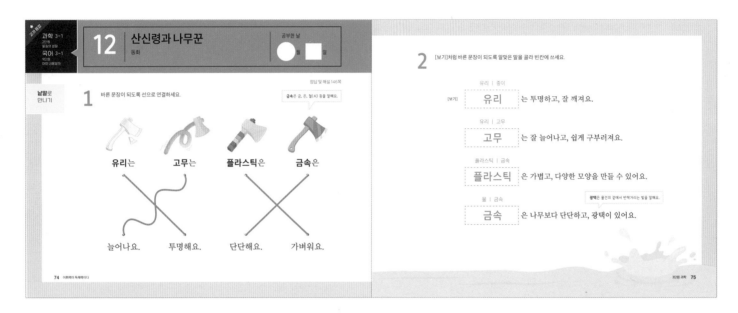

〈동화〉

동화는 글쓴이가 어린이를 위해서 있음 직한 이야기를 상상하여 쓴 글이에요. 이 동화는 전래 동화 〈금도끼 은도끼〉를 새롭게 고쳐 쓴 이야기예요.

 더 알아보기

물체와 물질

우리 주변에는 창문, 바구니 등 여러 가지 물체가 있어요. 이러한 물체를 만드는 재료를 물질이라고 해요. 창문은 유리로, 고무장갑은 고무로, 바구니는 플라스틱으로, 못은 금속으로 만들지요. 이때 물체를 만든 '유리, 고무, 플라스틱, 금속'이 바로 물질이에요. 물질은 각각의 성질을 지녀요. 〈산신령과 나무꾼〉 이야기에서 배운 성질이 그것이랍니다.

- 물질 → 물체   유리 → 유리창, 유리컵   플라스틱 → 바구니, 장난감
                고무 → 고무장갑, 풍선   금속 → 못, 클립

다음 글을 읽고, 질문에 답하세요. [3~4]

짧은 글로 만나기

연못에서 산신령이 도끼를 들고 나타났어요.

"이 **유리** 도끼가 네 것이냐?"

"투명하고 예쁘지만, 잘 깨지는 유리 도끼는 제 도끼가 아닙니다."

"그럼 이 **고무** 도끼가 네 것이냐?"

"당기면 잘 늘어나는 고무 도끼는 제 도끼가 아닙니다."

3 투명하고 예쁘지만, 잘 깨지는 도끼는 무엇으로 만든 도끼인가요? ○ 하세요.

(유리) 고무 금

4 당기면 잘 늘어나는 도끼는 무엇인가요? 답을 쓰세요.

나무 도끼 ㅣ 고무 도끼

→ 고무 도끼

76 어휘레이 독해력이다

다음 글을 읽고, 질문에 답하세요. [5~6]

"**플라스틱**은 가볍고, 다양한 모양을 쉽게 만들 수 있지만, 나무보다 약해서 플라스틱 도끼로는 나무를 벨 수 없습니다."

"대체 네 도끼는 무엇으로 만들었느냐?"

"제 도끼는 나무보다 단단하며, 광택이 있고, 물에 가라앉는 **금속**으로 만들었습니다."

5 가볍고, 다양한 모양을 쉽게 만들 수 있지만, 나무보다 약한 것은 무엇인가요? ○ 하세요.

금속 (플라스틱) ㅣ 바위

6 나무보다 단단하며, 광택이 있고, 물에 가라앉는 것은 무엇인가요? 답을 쓰세요.

금속 ㅣ 유리

→ 금속

3단원 과학 77

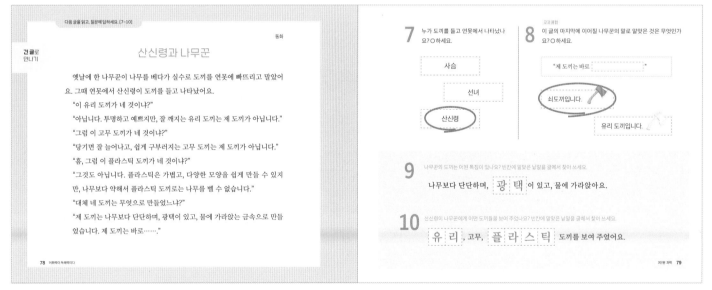

다음 글을 읽고, 질문에 답하세요. [7~10]

동화

긴 글로 만나기

산신령과 나무꾼

옛날에 한 나무꾼이 나무를 베다가 실수로 도끼를 연못에 빠뜨리고 말았어요. 그때 연못에서 산신령이 도끼를 들고 나타났어요.

"이 유리 도끼가 네 것이냐?"

"아닙니다. 투명하고 예쁘지만, 잘 깨지는 유리 도끼는 제 도끼가 아닙니다."

"그럼 이 고무 도끼가 네 것이냐?"

"당기면 잘 늘어나고, 쉽게 구부러지는 고무 도끼는 제 도끼가 아닙니다."

"흠, 그럼 이 플라스틱 도끼가 네 것이냐?"

"그것도 아닙니다. 플라스틱은 가볍고, 다양한 모양을 쉽게 만들 수 있지만, 나무보다 약해서 플라스틱 도끼로는 나무를 벨 수 없습니다."

"대체 네 도끼는 무엇으로 만들었느냐?"

"제 도끼는 나무보다 단단하며, 광택이 있고, 물에 가라앉는 금속으로 만들었습니다. 제 도끼는 바로……."

78 어휘레이 독해력이다

7 누가 도끼를 들고 연못에서 나타났나요? ○ 하세요.

사슴

선녀

(산신령)

8 이 글의 마지막에 이어질 나무꾼의 말로 알맞은 것은 무엇인가요? ○ 하세요.

"제 도끼는 바로 _____ ."

(쇠도끼입니다.)

유리 도끼입니다.

9 나무꾼의 도끼는 어떤 특징이 있나요? 빈칸에 알맞은 낱말을 글에서 찾아 쓰세요.

나무보다 단단하며, 광 택 이 있고, 물에 가라앉아요.

10 산신령이 나무꾼에게 어떤 도끼들을 보여 주었나요? 빈칸에 알맞은 낱말을 글에서 찾아 쓰세요.

유 리 , 고무, 플 라 스 틱 도끼를 보여 주었어요.

3단원 과학 79

13. 배추흰나비의 한살이 / 80~85쪽

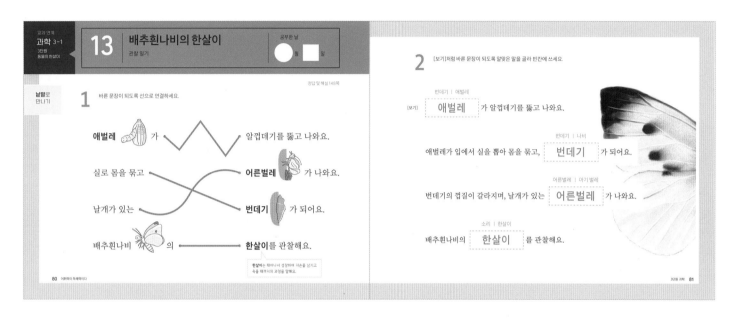

〈관찰 일기〉

관찰 일기는 어떠한 사물이나 현상을 날마다 관찰한 내용과 그에 대한 느낌을 쓴 글이에요. 이 글에서는 배추흰나비의 한살이를 관찰했어요.

➕ 더 알아보기

배추흰나비

배추흰나비는 암컷과 수컷의 모양이 다르나, 대부분 흰색이고 앞날개 앞쪽에 검은 반점이 2개, 뒷날개에 1개가 있어요. 애벌레 때 배추, 무, 양배추 등의 잎을 갉아 먹어 피해를 끼치는 해충이에요. 어른벌레가 되면 꽃의 꿀을 빨아 먹으며 살고, 식물이 널리 퍼지도록 도와요.

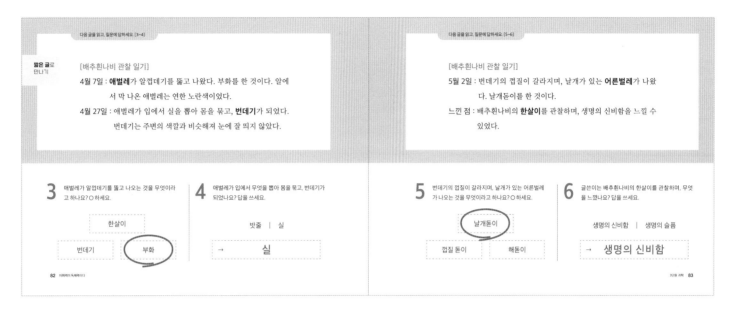

짧은 글로 만나기

[배추흰나비 관찰 일기]

4월 7일 : **애벌레**가 알껍데기를 뚫고 나왔다. 부화를 한 것이다. 알에서 막 나온 애벌레는 연한 노란색이었다.

4월 27일 : 애벌레가 입에서 실을 뽑아 몸을 묶고, **번데기**가 되었다. 번데기는 주변의 색깔과 비슷해져 눈에 잘 띄지 않았다.

3 애벌레가 알껍데기를 뚫고 나오는 것을 무엇이라고 하나요? ○ 하세요.

한살이

번데기 　(부화)

4 애벌레가 입에서 무엇을 뽑아 몸을 묶고, 번데기가 되었나요? 답을 쓰세요.

빗줄 ｜ 실

→ 실

[배추흰나비 관찰 일기]

5월 2일 : 번데기의 껍질이 갈라지며, 날개가 있는 **어른벌레**가 나왔다. 날개돋이를 한 것이다.

느낀 점 : 배추흰나비의 **한살이**를 관찰하며, 생명의 신비함을 느낄 수 있었다.

5 번데기의 껍질이 갈라지며, 날개가 있는 어른벌레가 나오는 것을 무엇이라고 하나요? ○ 하세요.

(날개돋이)

껍질 돋이 　해돋이

6 글쓴이는 배추흰나비의 한살이를 관찰하며, 무엇을 느꼈나요? 답을 쓰세요.

생명의 신비함 ｜ 생명의 슬픔

→ 생명의 신비함

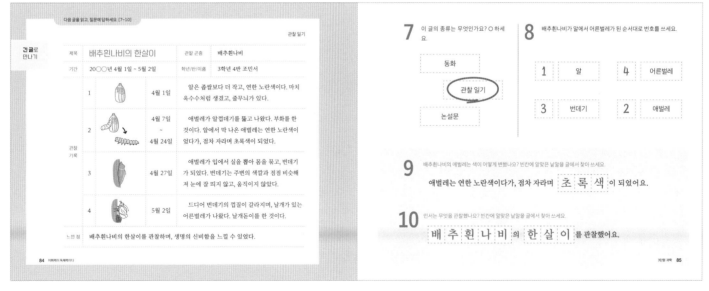

긴 글로 만나기

관찰 일기

제목	배추흰나비의 한살이	관찰 곤충	배추흰나비
기간	20○○년 4월 1일 ~ 5월 2일	학년/반/이름	3학년 4반 조민서

관찰 기록	1		4월 1일	알은 좁쌀보다 더 작고, 연한 노란색이다. 마치 옥수수처럼 생겼고, 줄무늬가 있다.
	2		4월 7일 ~ 4월 24일	애벌레가 알껍데기를 뚫고 나왔다. 부화를 한 것이다. 알에서 막 나온 애벌레는 연한 노란색이었다가, 점차 자라며 초록색이 되었다.
	3		4월 27일	애벌레가 입에서 실을 뽑아 몸을 묶고, 번데기가 되었다. 번데기는 주변의 색깔과 점점 비슷해져 눈에 잘 띄지 않고, 움직이지 않았다.
	4		5월 2일	드디어 번데기의 껍질이 갈라지며, 날개가 있는 어른벌레가 나왔다. 날개돋이를 한 것이다.

느낀 점　배추흰나비의 한살이를 관찰하며, 생명의 신비함을 느낄 수 있었다.

7 이 글의 종류는 무엇인가요? ○ 하세요.

동화

(관찰 일기)

논설문

8 배추흰나비가 알에서 어른벌레가 된 순서대로 번호를 쓰세요.

1	알	4	어른벌레
3	번데기	2	애벌레

9 배추흰나비의 애벌레는 색이 어떻게 변했나요? 빈칸에 알맞은 낱말을 글에서 찾아 쓰세요.

애벌레는 연한 노란색이다가, 점차 자라며 초록색 이 되었어요.

10 민서는 무엇을 관찰했나요? 빈칸에 알맞은 낱말을 글에서 찾아 쓰세요.

배추흰나비 의 한살이 를 관찰했어요.

14. 마젤란 탐험대의 일기 / 86~91쪽

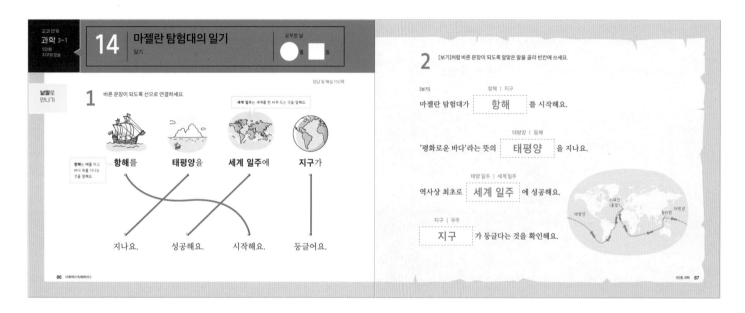

〈일기〉

일기는 그날 있었던 일 중에서 인상 깊었던 일과 그 일에 대한 생각이나 느낌을 쓴 글이에요. 이 글은 탐험을 하며 쓴 일기를 모아 놓은 것이에요.

 더 알아보기

마젤란과 마젤란 탐험대

마젤란은 포르투갈에서 태어났지만, 에스파냐(지금의 스페인) 왕의 지원을 받아 말루쿠 제도(지금의 인도네시아)로 가는 새로운 뱃길을 찾는 항해를 시작했어요. 당시 포르투갈이 동쪽으로 가는 뱃길을 차지하고 있었어요. 마젤란은 에스파냐에서 서쪽으로 항해해도 말루쿠 제도에 갈 수 있고, 다시 에스파냐로 돌아올 수 있다고 생각했어요.

예전에는 사람들이 지구가 평평하다고 생각했어요. 만약 지구가 평평했다면, 마젤란 탐험대는 서쪽 끝에서 지구 아래로 떨어졌을 거예요. 그러나 마젤란 탐험대는 계속 한 방향으로 항해를 해 처음 출발한 곳으로 돌아왔어요. 이로써 지구가 둥글다는 것이 증명되었답니다.

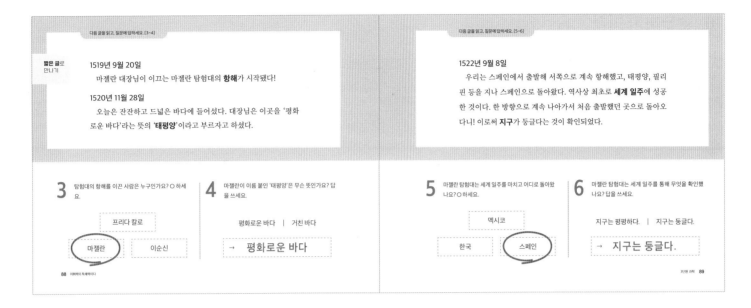

짧은 글로 만나기

1519년 9월 20일

마젤란 대장님이 이끄는 마젤란 탐험대의 **항해**가 시작됐다!

1520년 11월 28일

오늘은 잔잔하고 드넓은 바다에 들어섰다. 대장님은 이곳을 '평화로운 바다'라는 뜻의 **'태평양'**이라고 부르자고 하셨다.

3 탐험대의 항해를 이끈 사람은 누구인가요? ○ 하세요.

프리다 칼로

(마젤란)

이순신

4 마젤란이 이름 붙인 '태평양'은 무슨 뜻인가요? 답을 쓰세요.

평화로운 바다 | 거친 바다

→ 평화로운 바다

88 어휘라이 독해레이더

1522년 9월 8일

우리는 스페인에서 출발해 서쪽으로 계속 항해했고, 태평양, 필리핀 등을 지나 스페인으로 돌아왔다. 역사상 최초로 **세계 일주**에 성공한 것이다. 한 방향으로 계속 나아가서 처음 출발했던 곳으로 돌아오다니! 이로써 **지구**가 둥글다는 것이 확인되었다.

5 마젤란 탐험대는 세계 일주를 마치고 어디로 돌아왔나요? ○ 하세요.

멕시코

한국   (스페인)

6 마젤란 탐험대는 세계 일주를 통해 무엇을 확인했나요? 답을 쓰세요.

지구는 평평하다. | 지구는 둥글다.

→ 지구는 둥글다.

지1권 과학 89

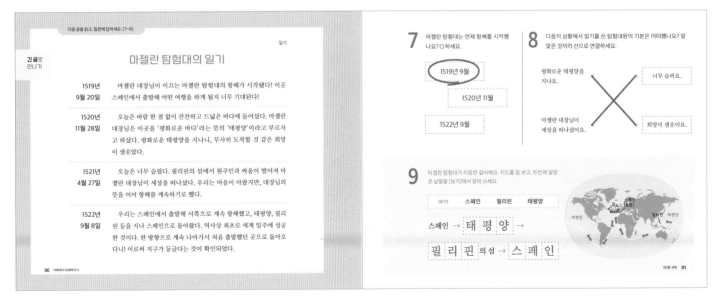

긴 글로 만나기

일기

마젤란 탐험대의 일기

1519년 9월 20일
마젤란 대장님이 이끄는 마젤란 탐험대의 항해가 시작됐다! 이곳 스페인에서 출발해 어떤 여행을 하게 될지 너무 기대된다!

1520년 11월 28일
오늘은 바람 한 점 없이 잔잔하고 드넓은 바다에 들어섰다. 마젤란 대장님은 이곳을 '평화로운 바다'라는 뜻의 '태평양'이라고 부르자고 하셨다. 평화로운 태평양을 지나니, 무사히 도착할 것 같은 희망이 샘솟았다.

1521년 4월 27일
오늘은 너무 슬펐다. 필리핀의 섬에서 원주민과 싸움이 벌어져 마젤란 대장님이 세상을 떠나셨다. 우리는 마음이 아팠지만, 대장님의 뜻을 이어 항해를 계속하기로 했다.

1522년 9월 8일
우리는 스페인에서 출발해 서쪽으로 계속 항해했고, 태평양, 필리핀 등을 지나 스페인으로 돌아왔다. 역사상 최초로 세계 일주에 성공한 것이다. 한 방향으로 계속 나아가서 처음 출발했던 곳으로 돌아오다니! 이로써 지구는 둥글다는 것이 확인되었다.

90 어휘라이 독해레이더

7 마젤란 탐험대는 언제 항해를 시작했나요? ○ 하세요.

(1519년 9월)

1520년 11월

1522년 9월

8 다음의 상황에서 일기를 쓴 탐험대원의 기분은 어떠했나요? 알맞은 것끼리 선으로 연결하세요.

평화로운 태평양을 지나요. ── 너무 슬퍼요.

마젤란 대장님이 세상을 떠나셨어요. ── 희망이 생솟아요.

9 마젤란 탐험대가 이동한 길이에요. 지도를 잘 보고, 빈칸에 알맞은 낱말을 [보기]에서 찾아 쓰세요.

[보기]   스페인   필리핀   태평양

스페인 → 태 평 양 →

필 리 핀 의섬 → 스 페 인

지1권 과학 91

16. 호두까기 인형 / 98~103쪽

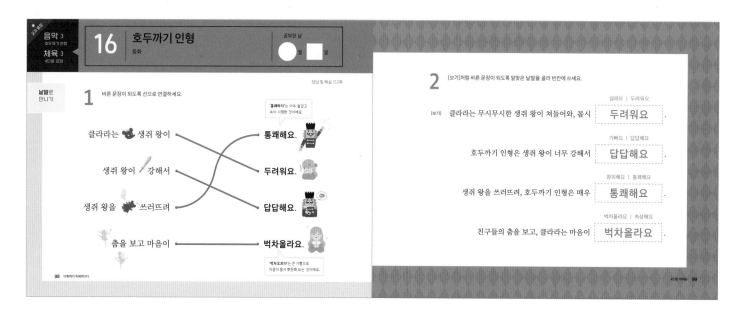

〈동화〉

동화는 글쓴이가 어린이를 위해서 있음 직한 이야기를 상상하여 쓴 글이에요. 이 동화는 발레 〈호두까기 인형〉을 동화로 쓴 것이에요.

✚ 더 알아보기

발레 〈호두까기 인형〉

〈호두까기 인형〉은 러시아의 유명한 작곡가인 차이콥스키가 작곡한 음악에 맞춰 펼쳐지는 발레 공연이에요. 〈백조의 호수〉, 〈잠자는 숲속의 공주〉와 함께 차이콥스키의 '3대 발레'로 불리지요. 차이콥스키의 다른 작품에 비해 분위기가 밝은 편이에요.

줄거리는 독일 작가 호프만의 동화 〈호두까기 인형과 생쥐 왕〉을 바탕으로 만들어졌는데, 크리스마스를 배경으로 한 환상적인 이야기로 매년 크리스마스마다 많은 사랑을 받고 있답니다.

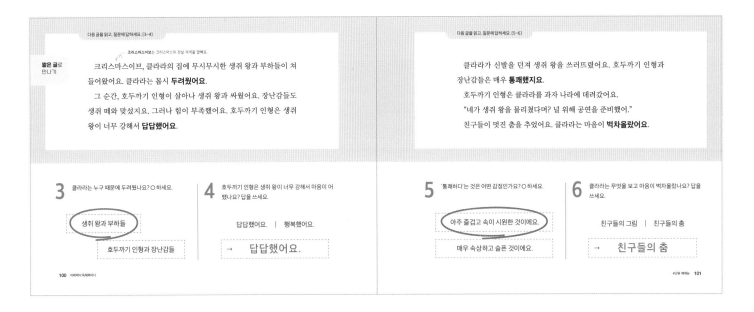

짧은 글로 만나기

크리스마스이브는 크리스마스의 전날 저녁을 말해요.

크리스마스이브, 클라라의 집에 무시무시한 생쥐 왕과 부하들이 쳐들어왔어요. 클라라는 몹시 **두려웠어요.**

그 순간, 호두까기 인형이 살아나 생쥐 왕과 싸웠어요. 장난감들도 생쥐 떼와 맞섰지요. 그러나 힘이 부족했어요. 호두까기 인형은 생쥐 왕이 너무 강해서 **답답했어요.**

3 클라라는 누구 때문에 두려웠나요? ○하세요.

〔(생쥐 왕과 부하들)〕

〔호두까기 인형과 장난감들〕

4 호두까기 인형은 생쥐 왕이 너무 강해서 마음이 어땠나요? 답을 쓰세요.

답답했어요. | 행복했어요.

→ 답답했어요.

클라라가 신발을 던져 생쥐 왕을 쓰러뜨렸어요. 호두까기 인형과 장난감들은 매우 **통쾌했지요.**

호두까기 인형은 클라라를 과자 나라에 데려갔어요.

"네가 생쥐 왕을 물리쳤다며? 널 위해 공연을 준비했어."

친구들이 멋진 춤을 추었어요. 클라라는 마음이 **벅차올랐어요.**

5 '통쾌하다'는 것은 어떤 감정인가요? ○하세요.

〔(아주 즐겁고 속이 시원한 것이에요.)〕

〔매우 속상하고 슬픈 것이에요.〕

6 클라라는 무엇을 보고 마음이 벅차올랐나요? 답을 쓰세요.

친구들의 그림 | 친구들의 춤

→ 친구들의 춤

100 어휘력이 독해력이다   4단원 예제4 101

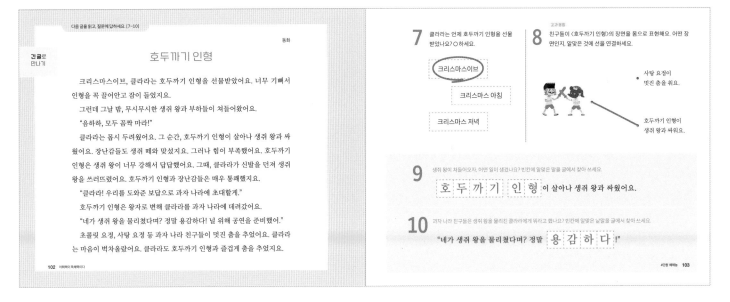

동화

긴 글로 만나기

호두까기 인형

크리스마스이브, 클라라는 호두까기 인형을 선물받았어요. 너무 기뻐서 인형을 꼭 끌어안고 잠이 들었지요.

그런데 그날 밤, 무시무시한 생쥐 왕과 부하들이 쳐들어왔어요.

"음하하, 모두 꼼짝 마라!"

클라라는 몹시 두려웠어요. 그 순간, 호두까기 인형이 살아나 생쥐 왕과 싸웠어요. 장난감들도 생쥐 떼와 맞섰지요. 그러나 힘이 부족했어요. 호두까기 인형은 생쥐 왕이 너무 강해서 답답했어요. 그때, 클라라가 신발을 던져 생쥐 왕을 쓰러뜨렸어요. 호두까기 인형과 장난감들은 매우 통쾌했지요.

"클라라! 우리를 도와준 보답으로 과자 나라에 초대할게."

호두까기 인형은 왕자로 변해 클라라를 과자 나라에 데려갔어요.

"네가 생쥐 왕을 물리쳤다며? 정말 용감하다! 널 위해 공연을 준비했어."

초콜릿 요정, 사탕 요정 등 과자 나라 친구들이 멋진 춤을 추었어요. 클라라는 마음이 벅차올랐어요. 클라라도 호두까기 인형과 즐겁게 춤을 추었지요.

7 클라라는 언제 호두까기 인형을 선물받았나요? ○하세요.

〔(크리스마스이브)〕

〔크리스마스 아침〕

〔크리스마스 저녁〕

교과 융합

8 친구들이 〈호두까기 인형〉의 장면을 몸으로 표현해요. 어떤 장면인지, 알맞은 것에 선을 연결하세요.

· 사탕 요정이 멋진 춤을 춰요.

· 호두까기 인형이 생쥐 왕과 싸워요.

9 생쥐 왕이 쳐들어오자, 어떤 일이 생겼나요? 빈칸에 알맞은 말을 글에서 찾아 쓰세요.

호 두 까 기 인 형 이 살아나 생쥐 왕과 싸웠어요.

10 과자 나라 친구들은 생쥐 왕을 물리친 클라라에게 뭐라고 했나요? 빈칸에 알맞은 낱말을 글에서 찾아 쓰세요.

"네가 생쥐 왕을 물리쳤다며? 정말 용 감 하 다 !"

102 어휘력이 독해력이다   4단원 예제4 103

17. 고려청자 / 104~109쪽

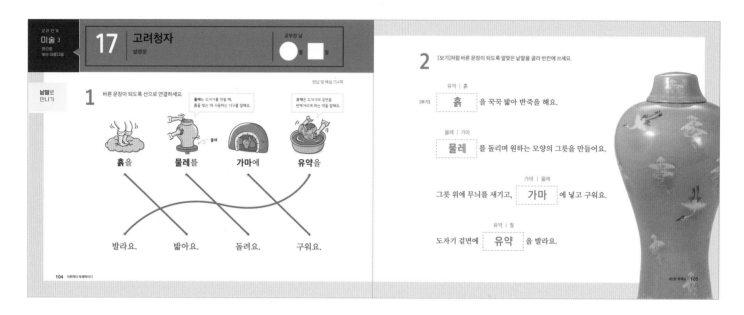

 〈설명문〉

　설명문은 지식이나 정보를 전달하기 위해 쓴 글이에요. 이 글은 고려청자의 우수성과, 고려청자를 만드는 과정을 설명하고 있어요.

 더 알아보기

다양한 생활용품으로 쓰인 고려청자

　청자는 만들기가 어렵고 가치가 높은 제품이라 왕실과 귀족들이 주로 사용했어요. 고려청자로 주전자, 의자, 찻잔, 베개 등 다양한 생활용품을 만들었는데, 침 뱉는 그릇이나 변기를 청자로 만들기도 했답니다. 이러한 고려청자를 통해 당시 왕실과 귀족들이 화려한 문화생활을 했다는 것을 알 수 있어요.

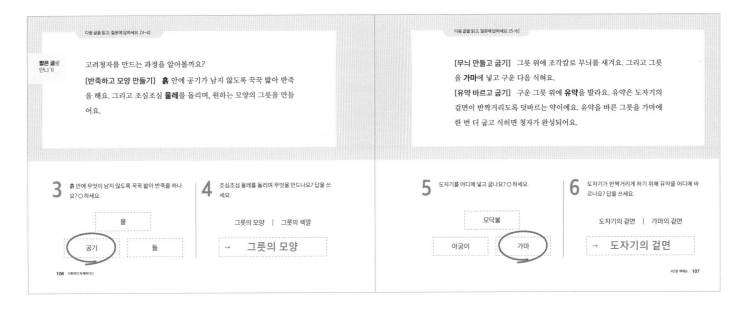

짧은 글로 만나기

고려청자를 만드는 과정을 알아볼까요?

[반죽하고 모양 만들기] **흙** 안에 공기가 남지 않도록 꾹꾹 밟아 반죽을 해요. 그리고 조심조심 **물레**를 돌리며, 원하는 모양의 그릇을 만들어요.

[무늬 만들고 굽기] 그릇 위에 조각칼로 무늬를 새겨요. 그리고 그릇을 **가마**에 넣고 구운 다음 식혀요.

[유약 바르고 굽기] 구운 그릇 위에 **유약**을 발라요. 유약은 도자기의 겉면이 반짝거리도록 덧바르는 약이에요. 유약을 바른 그릇을 가마에 한 번 더 굽고 식히면 청자가 완성되어요.

3 흙 안에 무엇이 남지 않도록 꾹꾹 밟아 반죽을 하나요? ○ 하세요.

물

(공기)   돌

4 조심조심 물레를 돌리며 무엇을 만드나요? 답을 쓰세요.

그릇의 모양 | 그릇의 색깔

→ **그릇의 모양**

5 도자기를 어디에 넣고 굽나요? ○ 하세요.

모닥불

아궁이   (가마)

6 도자기가 반짝거리게 하기 위해 유약을 어디에 바르나요? 답을 쓰세요.

도자기의 겉면 | 가마의 겉면

→ **도자기의 겉면**

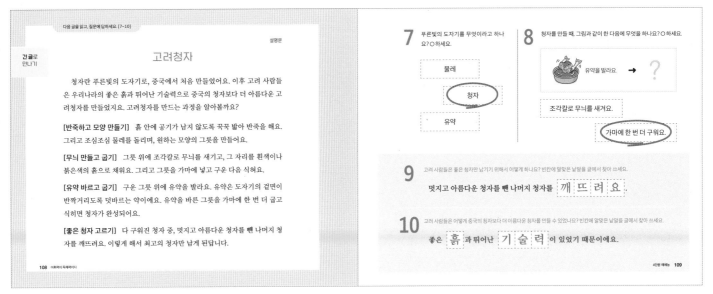

긴 글로 만나기

설명문

고려청자

청자란 푸른빛의 도자기로, 중국에서 처음 만들었어요. 이후 고려 사람들은 우리나라의 좋은 흙과 뛰어난 기술력으로 중국의 청자보다 더 아름다운 고려청자를 만들었지요. 고려청자를 만드는 과정을 알아볼까요?

[반죽하고 모양 만들기] 흙 안에 공기가 남지 않도록 꾹꾹 밟아 반죽을 해요. 그리고 조심조심 물레를 돌리며, 원하는 모양의 그릇을 만들어요.

[무늬 만들고 굽기] 그릇 위에 조각칼로 무늬를 새기고, 그 자리를 흰색이나 붉은색의 흙으로 채워요. 그리고 그릇을 가마에 넣고 구운 다음 식혀요.

[유약 바르고 굽기] 구운 그릇 위에 유약을 발라요. 유약은 도자기의 겉면이 반짝거리도록 덧바르는 약이에요. 유약을 바른 그릇을 가마에 한 번 더 굽고 식히면 청자가 완성되어요.

[좋은 청자 고르기] 다 구워진 청자 중, 멋지고 아름다운 청자를 뺀 나머지 청자를 깨뜨려요. 이렇게 해서 최고의 청자만 남게 된답니다.

7 푸른빛의 도자기를 무엇이라고 하나요? ○ 하세요.

물레

(청자)

유약

8 청자를 만들 때, 그림과 같이 한 다음에 무엇을 하나요? ○ 하세요.

유약을 발라요. → ?

조각칼로 무늬를 새겨요.

(가마에 한 번 더 구워요.)

9 고려 사람들은 좋은 청자만 남기기 위해서 어떻게 하나요? 빈칸에 알맞은 낱말을 글에서 찾아 쓰세요.

멋지고 아름다운 청자를 뺀 나머지 청자를 깨 뜨 려 요 .

10 고려 사람들은 어떻게 중국의 청자보다 더 아름다운 청자를 만들 수 있었나요? 빈칸에 알맞은 낱말을 글에서 찾아 쓰세요.

좋은 흙 과 뛰어난 기 술 력 이 있었기 때문이에요.

18. 전시회에 초대합니다 / 110~115쪽

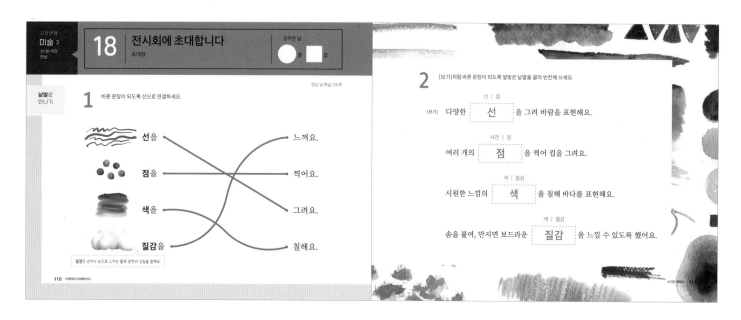

〈초대장〉

초대장은 모임, 행사 등에 초대하기 위해 쓴 글이에요. 이 글은 3학년 1반의 미술 작품 전시회에 초대하기 위해 쓴 글이에요.

➕ 더 알아보기

작품 관람하기

우리 주변에는 미술관이나 박물관 같이 여러 작품들을 모아 놓고 많은 사람들이 관람할 수 있게 한 곳이 있어요. 이러한 곳에서 작품을 감상하는 올바른 태도는 무엇일까요?

• 천천히 걸어 다니고, 조용한 목소리로 이야기해요.
• 허락된 것이 아닌, 다른 작품들을 만지면 안 돼요.
• 사진은 허락된 장소에서 찍고, 삼각대나 플래시 없이 찍어요.

짧은 글로
만나기

작품 : [바람]

색연필로 곡선과 직선 등 다양한 **선**을 그려 바람을 표현했어요.

작품 : [컵]

다양한 색의 사인펜으로 여러 개의 **점**을 찍어 컵을 그렸어요.

작품 : [바다]

물감으로 시원한 느낌의 **색**을 칠해 여름 바다를 표현했어요.

작품 : [하늘]

하늘색을 칠하고 구름 모양의 솜을 붙여, 만지면 보드라운 **질감**을 느낄 수 있도록 했어요.

3 [바람] 작품에서 다양한 무엇을 그려 바람을 표현했나요? ○하세요.

(선)

점 | 질감

4 [컵] 작품에서 무엇으로 점을 찍어 컵을 그렸나요? 답을 쓰세요.

사인펜 | 물감

→ **사인펜**

5 [바다] 작품에서 어떤 느낌의 색을 칠해 여름 바다를 표현했나요? ○하세요.

따뜻한 느낌

(시원한 느낌) 무거운 느낌

6 [하늘] 작품에서 솜으로 어떤 질감을 느낄 수 있게 하였나요? 답을 쓰세요.

거친 질감 | 보드라운 질감

→ **보드라운 질감**

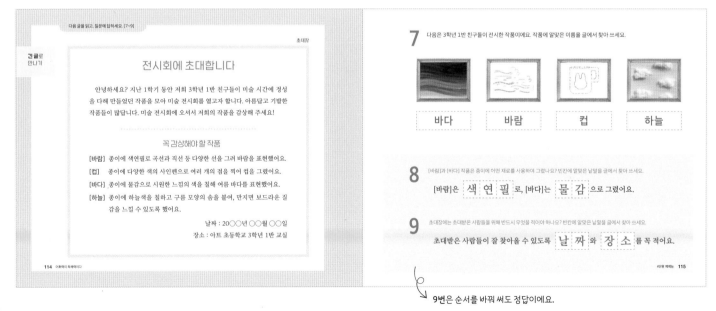

긴 글로
만나기

초대장

전시회에 초대합니다

안녕하세요? 지난 1학기 동안 저희 3학년 1반 친구들이 미술 시간에 정성을 다해 만들었던 작품을 모아 미술 전시회를 열고자 합니다. 아름답고 기발한 작품들이 많답니다. 미술 전시회에 오셔서 저희의 작품을 감상해 주세요!

꼭 감상해야 할 작품

[바람] 종이에 색연필로 곡선과 직선 등 다양한 선을 그려 바람을 표현했어요.

[컵] 종이에 다양한 색의 사인펜으로 여러 개의 점을 찍어 컵을 그렸어요.

[바다] 종이에 물감으로 시원한 느낌의 색을 칠해 여름 바다를 표현했어요.

[하늘] 종이에 하늘색을 칠하고 구름 모양의 솜을 붙여, 만지면 보드라운 질감을 느낄 수 있도록 했어요.

날짜 : 20○○년 ○○월 ○○일

장소 : 아트 초등학교 3학년 1반 교실

7 다음은 3학년 1반 친구들이 전시한 작품이에요. 작품에 알맞은 이름을 글에서 찾아 쓰세요.

바다 | 바람 | 컵 | 하늘

8 [바람]과 [바다] 작품은 종이에 어떤 재료를 사용하여 그렸나요? 빈칸에 알맞은 낱말을 글에서 찾아 쓰세요.

[바람]은 색 연 필 로, [바다]는 물 감 으로 그렸어요.

9 초대장에는 초대받은 사람들을 위해 반드시 무엇을 적어야 하나요? 빈칸에 알맞은 낱말을 글에서 찾아 쓰세요.

초대받은 사람들이 잘 찾아올 수 있도록 날 짜 와 장 소 를 꼭 적어요.

9번은 순서를 바꿔 써도 정답이에요.

19. 손을 씻읍시다! / 116~121쪽

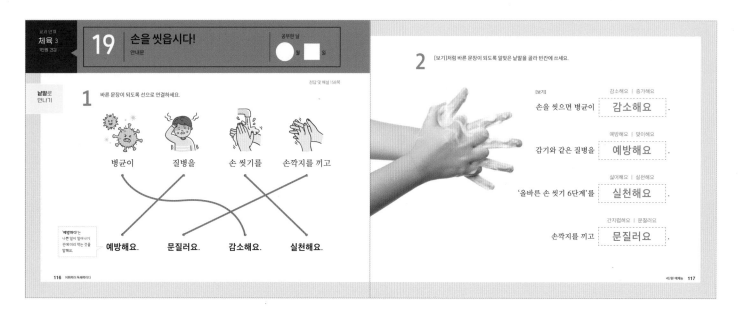

〈안내문〉

안내문은 어떤 내용을 다른 사람에게 알려 주기 위해 쓴 글이에요. 이 글은 손 씻기의 중요성과, '올바른 손 씻기 6단계'를 알려 주고 있어요.

더 알아보기

세계 손 씻기의 날

매년 10월 15일은 '세계 손 씻기의 날'로, 2008년 처음 시작되었어요. 이날은 전 세계 어린이들이 각종 병균의 감염으로 죽어 가는 것을 막기 위한 목적으로 만들어졌어요. 올바르게 손을 씻는 것은 가장 기본적이고, 쉬운 질병 예방법이에요. 화장실을 갔다 온 후, 책이나 휴대 전화 등을 만진 후, 외출을 하고 왔을 때 등 자주 손을 씻는 습관을 들이도록 해요.

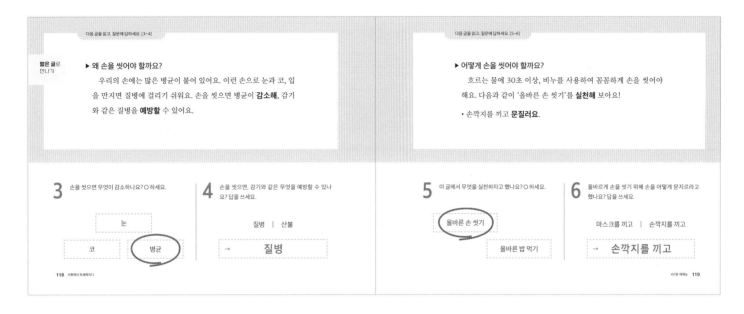

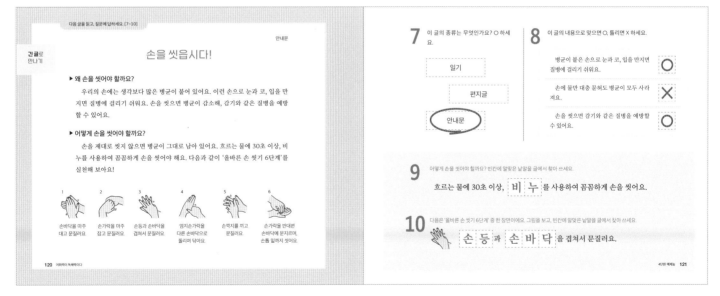

05. 확인 학습 / 32~35쪽

05
확인 학습
어휘 복습하기
1-4일

공부한 날
월
일

정답과 해설 160쪽

32 어휘력이 독해력이다

★ 봄비 감각적 표현을 알아요.

● 빈칸에 알맞은 낱말을 [보기]에서 골라 쓰세요.

[보기]	속살속살	참방참방	미끌미끌	보슬보슬

봄비가 **보슬보슬** 내려요.

봄비가 **속살속살** 말을 걸어요.

물웅덩이에서 **참방참방** 뛰어요.

미끌미끌 바닥에 홀라당 미끄러져요.

★ 행복한 생일 알맞은 높임말을 알아요.

● 빈칸에 알맞은 낱말을 [보기]에서 골라 쓰세요.

[보기]	댁	말씀	생신	연세

유민이 → (높임말) → 할머니

생일	생신
집	댁
나이	연세
말	말씀

1단원 국어 33

★ 텃새와 철새 정보를 정리해요.

● 빈칸에 알맞은 낱말을 [보기]에서 골라 쓰세요.

[보기]	여름새	겨울새	텃새	철새

새
- **텃새** : 일 년 내내 거의 같은 곳에서 살아요.
- **철새** : 계절에 따라 옮겨 다니며 살아요.
  - **여름새** : 봄에서 여름에 우리나라에 찾아와요.
  - **겨울새** : 가을에서 겨울에 우리나라에 찾아와요.

34 어휘력이 독해력이다

★ 지구 온난화를 해결합시다 글쓴이의 주장을 정리해요.

● 빈칸에 알맞은 낱말을 [보기]에서 골라 쓰세요.

[보기]	해수면	대중교통	일회용품	빙하

• 지구 온난화의 문제점

빙하 가 녹아요.

→ 북극곰이 살 곳을 잃어요. **해수면** 이 높아져 섬이 바다에 잠겨요.

• 지구 온난화 해결 방안

첫째, **일회용품** 을 적게 써서 쓰레기를 줄여요.

둘째, 버스나 지하철 같은 **대중교통** 을 이용해요.

1단원 국어 35

160 어휘력이 독해력이다

10. 확인 학습 / 62~65쪽

★ 경주의 문화유산 보고서를 완성해요.　● 빈칸에 알맞은 말을 [보기]에서 골라 쓰세요.

[보기]　경주 동궁과 월지　석굴암　성덕 대왕 신종　첨성대

| 제목 | 경주의 문화유산 | 학년/반/이름 | 3학년 2반 강희진 |
| 기간 | 20○○년 4월 ○일-○일 (2일) | 장소 | 경주 |

본 것
· **첨성대** : 별을 관찰하고 연구하던 곳.
· **경주 동궁과 월지** : 신라의 왕자가 머물던 곳.
· **석굴암** : 사람들이 직접 돌을 쌓아 만든 석굴.
· **성덕 대왕 신종** : 우리나라에서 가장 큰 범종.

느낀 점 : 많은 문화유산을 둘러볼 수 있어서 좋았다.

62 어휘력이 독해력이다

★ 옛날의 통신 수단 비교하여 정리해요.　● 빈칸에 알맞은 말을 [보기]에서 골라 쓰세요.

[보기]　방　서찰　봉수　파발

• 옛날의 통신 수단

서찰
평상시에 이용하며, 소식을 적어 사람을 통해 전달.

방
여러 사람에게 어떤 일을 알리기 위해 길거리 등에 써 붙임.

파발
나라의 중요한 문서를 뛰어가거나, 말을 타고 가서 전달.

봉수
낮에는 연기, 밤에는 횃불을 피워 위급한 일을 알림.

• 오늘날의 통신 수단　휴대 전화, 텔레비전, 전자 우편 등.

2단원 사회와 도덕 63

★ 두 친구와 곰 이야기의 흐름을 살펴요.　● 빈칸에 알맞은 말을 [보기]에서 골라 쓰세요.

[보기]　엎드렸어요　도망갔어요　약속했어요　빨개졌어요

두 친구는 평생 좋은 친구가 되기로 **약속했어요** .

곰이 나타나자, 한 친구가 나무 위로 **도망갔어요** .

다른 한 친구는 땅바닥에 납작 **엎드렸어요** .

곰이 엎드려 있는 친구에게 위험할 때
혼자 도망가는 사람과는 친구로 지내지 말라고 하였어요.

홀로 도망갔던 친구는 창피해서 얼굴이 **빨개졌어요** .

64 어휘력이 독해력이다

★ 프리다 칼로 인물에 대해 알아요.　● 빈칸에 알맞은 말을 [보기]에서 골라 쓰세요.

[보기]　극복　화가　좌절　보람

프리다 칼로는 멕시코의 아주 유명한 **화가** 예요.

열여덟 살 때 교통사고로 심하게 다쳐 깊은 **좌절** 에 빠졌어요.

그러나 누운 채로 그림을 그리며, 슬픔을 **극복** 했어요.

마침내 전시회를 열고, 큰 **보람** 을 느꼈답니다.

65

15. 확인 학습 / 92~95쪽

15

확인 학습

어휘 복습하기
11-14일

공부한 날

월

일

★ 공룡 박사님! 연구 방법을 알아요.   ● 빈칸에 알맞은 말을 [보기]에서 골라 쓰세요.

[보기]   추리   관찰   연구   측정

공룡 박사님은 공룡을 **연구** 해요.

• 연구 방법

❶ **관찰** : 탐구 대상의 특징을 자세히 살펴요.

❷ **측정** : 탐구 대상의 길이, 무게, 시간, 온도 등을 재요.

❸ **추리** : 관찰한 결과, 과거 경험, 이미 알고 있는 사실 등을 바탕으로 무슨 일이 일어났는지 생각해요.

★ 산신령과 나무꾼 여러 가지 물질을 구분해요.   ● 빈칸에 알맞은 말을 [보기]에서 골라 쓰세요.

[보기]   금속   고무   플라스틱   유리

물질은 물건을 만드는 재료를 말해요.

• 여러 가지 물질로 된 도끼

투명하고, 잘 깨지는
유리 도끼

잘 늘어나고, 쉽게 구부러지는
고무 도끼

가볍고, 다양한 모양을 만들 수 있는
플라스틱 도끼

단단하고, 광택이 있는
금속 도끼

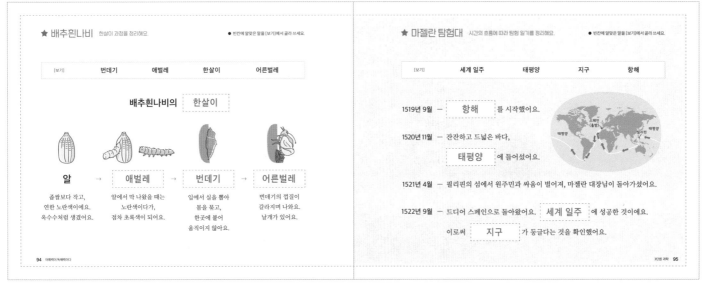

★ 배추흰나비 한살이 과정을 정리해요.   ● 빈칸에 알맞은 말을 [보기]에서 골라 쓰세요.

[보기]   번데기   애벌레   한살이   어른벌레

배추흰나비의 **한살이**

알 → **애벌레** → **번데기** → **어른벌레**

좁쌀보다 작고, 연한 노란색이에요. 옥수수처럼 생겼어요.

알에서 막 나왔을 때는 노란색이다가, 점차 초록색이 되어요.

입에서 실을 뽑아 몸을 묶고, 한곳에 붙어 움직이지 않아요.

번데기의 껍질이 갈라지며 나와요. 날개가 있어요.

★ 마젤란 탐험대 시간의 흐름에 따라 탐험 일기를 정리해요.   ● 빈칸에 알맞은 말을 [보기]에서 골라 쓰세요.

[보기]   세계 일주   태평양   지구   항해

1519년 9월 ― **항해** 를 시작했어요.

1520년 11월 ― 잔잔하고 드넓은 바다,
태평양 에 들어섰어요.

1521년 4월 ― 필리핀의 섬에서 원주민과 싸움이 벌어져, 마젤란 대장님이 돌아가셨어요.

1522년 9월 ― 드디어 스페인으로 돌아왔어요. **세계 일주** 에 성공한 것이에요.

이로써 **지구** 가 둥글다는 것을 확인했어요.

20. 확인학습 / 122~125쪽

20
확인 학습
어휘 복습하기
16-19일

공부한 날

월
일

정답과 해설 163쪽

122 어휘력이 독해력이다

★ 호두까기 인형 감정을 알아요

● 빈칸에 알맞은 낱말을 [보기]에서 골라 쓰세요.

[보기] 벅차올라요 통쾌해요 두려워요 답답해요

클라라는 생쥐 왕이 쳐들어와 몹시 | 두려워요 |.

호두까기 인형은 생쥐 왕이 너무 강해서 | 답답해요 |.

생쥐 왕을 쓰러뜨려 호두까기 인형은 매우 | 통쾌해요 |.

친구들의 춤을 보자 클라라는 마음이 | 벅차올라요 |.

★ 고려청자 순서대로 정리해요

● 빈칸에 알맞은 낱말을 [보기]에서 골라 쓰세요.

[보기] 물레 유약 가마 흙

• 고려청자 만드는 법

1 반죽하고 모양 만들기 | 흙 |을 꾹꾹 밟아 반죽을 해요.

| 물레 |를 돌리며 원하는 모양의 그릇을 만들어요.

2 무늬 만들고 굽기 그릇 위에 무늬를 만들고, | 가마 |에 넣어 구워요.

3 유약 바르고 굽기 구운 그릇 위에 | 유약 |을 바르고, 한 번 더 구워요.

4 좋은 청자 고르기 다 구운 청자 중, 훌륭한 청자를 뺀 나머지 청자를 깨뜨려요.

4단원 예체능 123

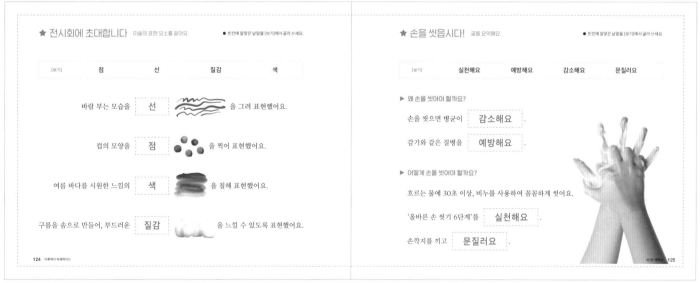

★ 전시회에 초대합니다 미술의 표현 요소를 알아요

● 빈칸에 알맞은 낱말을 [보기]에서 골라 쓰세요.

[보기] 점 선 질감 색

바람 부는 모습을 | 선 | 을 그려 표현했어요.

컵의 모양을 | 점 | 을 찍어 표현했어요.

여름 바다를 시원한 느낌의 | 색 | 을 칠해 표현했어요.

구름을 솜으로 만들어, 부드러운 | 질감 | 을 느낄 수 있도록 표현했어요.

124 어휘력이 독해력이다

★ 손을 씻읍시다! 글을 요약해요

● 빈칸에 알맞은 낱말을 [보기]에서 골라 쓰세요.

[보기] 실천해요 예방해요 감소해요 문질러요

▶ 왜 손을 씻어야 할까요?

손을 씻으면 병균이 | 감소해요 |.

감기와 같은 질병을 | 예방해요 |.

▶ 어떻게 손을 씻어야 할까요?

흐르는 물에 30초 이상, 비누를 사용하여 꼼꼼하게 씻어요.

'올바른 손 씻기 6단계'를 | 실천해요 |.

손깍지를 끼고 | 문질러요 |.

4단원 예체능 125

자료 출처

38쪽·43쪽   경주 첨성대 - **국가문화유산포털**

경주 동궁과 월지 서쪽연못 - **국가문화유산포털**

경주 석굴암 석굴 - **국가문화유산포털**

성덕 대왕 신종 - **한국민족문화대백과사전**

105쪽   청자 상감 구름 학 무늬 매병 - **국립중앙박물관**

위의 저작물은 문화재청 - 국가문화유산포털, 국립중앙박물관에서
공공누리 제1유형으로 개방한 사진을 이용하였으며, 해당 저작물
은 문화재청(www.cha.go.kr), 국가문화유산포털(www.heritage.
go.kr), 국립중앙박물관(www.museum.go.kr)에서 무료로 다운받
을 수 있습니다.